接客の鬼100則

柴田昌孝
Masataka Shibata

明日香出版社

まえがき

まず、すべての読者に誤解を与えないために断っておきたい。

「鬼100則」と書かれた本書は、昨今、世間をにぎわせているパワハラやスパルタ指導なるものに類似した「鬼教官」を連想させるものではないことを。

また、「気合で売上を作る」とか、「強いおすすめ接客」を喚起する「売上の鬼」でも当然ない。

いわゆる「根性論」や「精神論」を説いた本ではないことを冒頭にお伝えしたいのだ。そんな根性論や精神論の接客本なんて、今の時代、さらさら読みたくないはずだ。私なら、すぐに本棚に戻すだろう（笑）。

だが、この「鬼100則」という本書を手にされたからには、前述の「鬼」を求めてないのは当然だとしても、きっと今の接客や販売、お客様との関わり方に、満足をしているわけではないと思う。いや、むしろ強い改善を求めているのかもしれない。

だとしたら、本書は必ずやあなたのお役に立てると確信する。

「ものが売れない」と言われるようになって久しい。

しかも、最近の流通業界のニュースは、アマゾンなどの「ネット購買」や、ユニクロなどの「セルフ化」といった、接客離れを助長するものが多い。

そして、接客業の深刻な人材不足も問題となっている。どの店も店員が足りていない状況で、他業種から転職した方がいきなり店で接客するなんてことも少なくはない。

結果として、それが日常化したリアル店舗には、

・ヒマそうに手ぶらでぶらぶらと歩く店番店員
・たんたんと作業のように接客をする淡白店員
・お客様の後ろをズッとつけまわす尾行店員
・少し見ていただけですぐにおすすめしてくる押売店員
・売上しか頭にはなくお客様が見えていない盲目店員

などなど、お客様心理にまったく配慮がないアマチュア店員が増殖中だ。

私は、大学卒業後、呉服業界1位の「やまと」に入社し、２０００名の中でトップセールスマンとなったあと、30歳で独立。地元富山で、レディスショップを開店した。そして、得意の販売力を武器に、10年間で42店舗・年商30億円・従業員１５０名の企業に成長させた。また、独自の販売力ノウハウを活かし、販売研修の講師・書籍の出版・連載執筆・専門学校の講師と多くの分野を展開していった。

が、そんな多忙な生活の中、大病を患うことに。全活動の中止を決断し、長期療養生活に入る。人生とは何が起こるかわからない……。

1年の療養生活を経て、コンサルタント会社を設立し代表に就任。現在は、全国規模でセミナー講演やコンサルティング活動を展開している。また、心理カウンセラーとして、販売員の心の相談室も行っている。

このように私は、トップ販売員、企業経営者、接客コンサルタント、カウンセラーと、さまざまな立場から数多くの店員を見てきた。その経験をもってして、最近の「店離れ・

接客離れ」というコミュニケーション不全の現状に、一石を投じたい。

売れないのは、お客様のせいではない。時代のせいでもない。お客様への気配りに欠ける店員の増加により、お客様が接客を受けたくないと考えているからである。当然、お客様満足の数値化である売上が作れないのも当然と言える。

では、どうしたらよいか？　答えは1つ。

さぁ！　もっと、お客様を見よう！

もっとお客様のことを考えよう！

いわゆる、お客様満足の鬼に化すのだ！（これが、私の言いたかった、鬼だ！）

あなたが「お客様満足の鬼」になれたなら、必ずやあなた自身がブランド化し、接客が付加価値を生み、お客様がリピーターとなり、売上は上がる。

本書では、今、皆さんができることを具体的な100のメッセージとしてまとめた。

難しいことはまったく書いていない。できるだけシンプルに、この仕事の本質をわかりやすく書き並べた。

アパレルの事例が多く出てくるが、すべての接客業にあてはめられる原則が並ぶ。1項目、3分もあれば読めるだろうか。

きっとこの100個のメッセージには、100回の頷きと、100個の気づきがあり、あなたのこれまでの接客や販売の考え方を大きく変えてくれると信じてやまない。

本書には、悩める店員には「答えと成長」が、がんばる店員には「確信とやりがい」が、必ずある。読み終わったあと、あなたはもっと接客でお客様を喜ばせたいと思っているに違いない。

そして、あなたは必ずお客様から喜ばれる「鬼」になっているはずだ。私を信じて欲しい。


ネサンス・コミュニケーションズ・クラブ 代表　柴田 昌孝

接客の鬼100則　もくじ

第2章 Approach ～アプローチの鬼～

第3章 Good impression
～好印象の鬼～

第4章 Sale ～販売の鬼～

第5章 Repeat customer ～リピーター獲得の鬼～

第6章 Mental ～鬼のメンタル～

◎カバーデザイン 西垂水敦・市川さつき（krran）
◎カバーイラスト 高橋雅博

第 1 章

Knowledge
～鬼の心得～

いかにいい仕事をしたかよりも、どれだけ心を込めたかです。

マザー・テレサ

情報も良かろう。しかし、生の体験は強い。

大島 渚（映画監督）

環境より学ぶ意志があればいい。

津田 梅子

鬼100則 01

お客様はわがまま。だからいい

「あのお客様、いつも試着だけして、毎回、毎回買わずに帰られるんですよ。どうしたらいいですか?」

社長時代にスタッフから、こんな質問を受けたことがある。私は即答した。

「えっ? なんでダメなの?」と。たぶんスタッフは、社長である私に同意とアドバイスをもらいたかったのだと思う。だから、私の意外な返答に明らかにとまどっていた。

実は私も店員駆け出しの頃、買わずに雑談ばかりしに来るお客様や、声をかけても反応しないのに、こちらが他の接客をしているときに「対応してくれない」と苦情を寄せるお客様が許せなかった。だから当時の店長に、未熟ながら想いをぶつけたことがある。

そうしたら、「お客様がわがまま? それが、何か?」と同じようなことを言われたのだ。

そして店長はこう続けた。

「柴田。お客様はわがままで悪いのか? お前はまだ『お客様が何ぞや』を理解してない。

お客様はわがままでいいんだ。だから、お客様なんだ。**店っていうのはお客様のわがままに試されている**と思っておけ！　お客様のわがままと思えるような言動で、その店が評価されているってことだ」と。

確かに、お客様はわがままだ。声をかけて欲しくないときにアプローチすれば嫌がられるが、聞きたいときに店員がいないと苦情になる。お客様の欲しい商品のサイズがないと品揃えが悪いと言われ、試着を嫌がれば感じの悪い店とレッテルを貼られる。

だが、それはすべて、**お客様から「その店は、わがままを受け止めるだけの度量・器量があるか？」を試されている**のだと思えば、不思議と腹に落ちる。

逆の立場になればよくわかる。あなたがお客様だったら、同じじゃないのか？　何着も試着をしたいし、試着したら買わないといけないような空気が少しでもあれば絶対に嫌だ。一人で見たいときに声をかけられたら不快だけど、気になる商品のサイズがあるかを聞きたいときにいないと「売る気あるのか？」となる。**わがままさを理解していない店員のほうが未熟**なのだ。

最後にこれだけは覚えておいて欲しい。お客様はわがままを言えない店員には二度と会いたくないし、わがままも認めない店には絶対に行きたくないのだ。

鬼100則 02

どこを向いて接客をしている？

ある日、よく行くコンビニに立ち寄ると、いつもは覇気がなくだらっとレジカウンターにいるバイトの男性が、やたらとキビキビと動き、「できたてのチキンはいかがですかー」と声出しまでしている。いつもは下を向きながら掃除ばっかりやっている若いバイトの女性も、やけに動きがいい。40歳ぐらいのいつも不機嫌そうな男性店長に至っては、ニコニコと笑顔で検品中。コンビニに何があったのか？

するとバックヤードから、スーツ姿で書類を持った人がするするっと出てきた。そのとき、すべてが「なるほどね」と、点と点が線でつながった。本部の人の見回り日だったのだ。結局、私が店を出て行くまで、今まで見たこともないような笑顔・感じのいい声出し・キビキビした対応が続いた。ここまでわかりやすいと、何だか苦笑いが出てくる。

案の定、翌日そのコンビニに行くと、昨日が夢だったかのように、いつもの光景が広がっていた。別に、店内で過ごすたった1、2分のことだから取り立てて騒ぐほどのことでもないのだが、何か店員の裏表を見た気がして気分のいいものではない。

釈然としないのは、「店員が誰を見て接客をしているのか？」ということ。その答えが、会社の上司だという事実だ。**会社の上司がいない場所では、手を抜き、声出しもせず、見られている感「ゼロ」の仕事をすることに対して釈然としない思いがある**のだ。

これは別にコンビニに限ったことではなく、すべての店仕事に通して言えることだ。本部・本社・上司の前では、やたらと活気があるのに、その人たちが去れば、またいつもの顔に戻る。このような仕事のやり方は、親や先生が来ると勉強しているふりをする小学生と何ら変わりはない。

要するに、「誰を見て仕事をしているか？」ということだ。もっと言うならば、「誰のために仕事をしているのか？」ということである。

すべての店はお客様のためにあるのだ。この原理原則を真っ向から無視しているから、余計に釈然としない。そして、もうひとつ。**お客様は、すべてを見ている。**これは忘れてはいけない。見て見ぬふりをしているだけで、いつ何時も、店員同士の会話・身動き・表情……すべてを見ているのだ。

「店に立つのであれば、どこを見て、誰のために、立つのか？」を再度確認して欲しい。

鬼100則 03

社長を店から出すくらい、お客様目線になれ！

「社長、ちょっとお客様なんで、すみませんが一旦退出お願いします」

私は社長時代、何度も店長から自分のレディスアパレルショップから追い出された（汗）。婦人服店で、男性があれこれ店内指示を出す光景は、決してお客様から見て良いものではないという、店長のまっとうな判断からだった。もちろん、私の特徴である、よくしゃべるのもあり、声がでかいのもあり（笑）、店長にしたらいろんな意味で「出てってくれ」となったのだと思う（笑）。

ただ、それほど**こだわって客目線を気にしている店ほど、よく売れた**のだ。社長を追い出すくらいだから、一事が万事で、あらゆる部分においてお客様が大好きな店になるように注意を払っていたのだと思う。確かに私は追い出されたが、私はそれでいいと思っていたし、それくらいの店長じゃないとイカン！と、思っていた。

いろんな店を見て回ると、きっと本部の偉い人であろうスーツ姿の年配の男性が腕を組んで、店の前に怖い顔で仁王立ちしているシーンに出会う。私も同じことをしていた時期があっただけに、あの偉いスーツ姿の集まりを隅っこに追いやる店長がいたら、大したもんだと思う。実際に追いやる・追いやらないは別にしても、それくらいの客目線というのはなくしたらいけない。

仮にお客様のために、店の前で渋い顔して立っている偉い方々に隅に行ってもらったとして（もちろんその言い方はあるが）、それに腹をたてる上司ならニセモノだ。

店長自身も気をつける必要がある。たまに接客をアルバイトや平店員に任せ、せっせと管理仕事に精を出す店長を見かける。たいていはカウンターでどこ吹く風な表情でパソコンをしているイメージだが、あのまったくお客様を意識していない無表情はよろしくない。仮に**店内で店員指導をしているなら完全に論外**である。お客様がいる店内でアルバイトを叱ったり、注意したりしている光景に出会うことも少なくない。

ひとつ店仕事の絶対原則を書く。確かに売り場以外では、社長は社長、上司は上司、店長は店長であることは当然だが、**売り場という聖域では、社長より、店長より、お客様が最優先**だ。そしてお客様にとっては、役職など関係なく、店の人すべてが店員なのだ。その視点を忘れてはいけない。

鬼100則 04

たまたまはない。すべて必然である

私がまだアパレル専門チェーンの社長だった頃、出店していた商業施設に苦情が寄せられた。その内容は、お客様が入店されたときに店員同士がおしゃべりをしていて、「無視されて、大変不愉快だった」というものだ。

商業施設から社長の私に連絡があったので、直接現場に行って事情を聞くことにした。店舗に到着すると、投稿の内容を元にその日出勤していた（おしゃべりしていたであろう）店員と話をした。

「お客様が、○月◇日の△時頃に店に来たら、うちの店員同士がずーっとおしゃべりをやめなかったという苦情の声が投稿されているんだよ。シフトを見ると、そのときの出勤メンバーは、あなたとAさんなんだけど」

と私が言うと、その店員はこう答えた。

「いつもは、そんなこと、してないんです。そのときは、確か『今月売れてないね』なんて話をAさんとしていたんだと思います。ほんと、たまたま、そのときだけなんですよ」

何度も「たまたま」を強調してきた。さも、８時間勤務の中での５分間程度、たまたま話をしていたときにお客様が来たんですよとでも、言わんばかりだった。

哲学者ヘーゲルはこう言った。**「偶然は必然であり、必然は偶然である」**と。「何事も結論を偶然として見ているだけで、起こるべくして起こった必然」だと、この言葉は言っている。実際に「たまたま」かもしれないが、結果としてその偶然を見てしまったお客様がいる限り、必然なのである。

店仕事においては理不尽かもしれないが、お客様視点が絶対である。**店員にとっては「たまたま」かもしれないが、お客様が見たもの・感じたものがすべてである**という原則がある。店員を信じる・信じないという論点ではなく、その姿を見て不快に思ったお客様がいる。その事実に「たまたま」という理由はつかない、ということを理解して欲しい。お客様が不快に思った事実こそが重要であり、「たまたま」に耳を貸すわけにはいかないのだ。

鬼100則 05

売るよりも、大切なことを忘れない

接客や販売をする上で、私たちはつい店員としての職責から、売ることで頭がいっぱいになってしまう。その結果、本来売るよりも先にもっと大切な「人としてどう接するべきか?」という原則を忘れてしまうことがある。**接客を通じて、人と人とが接するときの一番大切な心配りを学ぶことが、この仕事の売る以上に大切なこと**だ。

先日、友人の結婚祝いの贈り物を探しに雑貨ショップに行ったときのこと。私が店内であれこれと見て回っていると、ちょうどいい写真立てがあったので立ち止まった。すると若い女性店員が近寄ってきたので、私は「友人の結婚に贈りたいんですが、これの色違いはありませんか?」と聞いた。すると、その若い女性は、予期せぬ言葉を返してきた。「あー、そうなんですね。それは素敵なプレゼントになりますよ。まずは、おめでとうございます!」と。

何が感激したか? 普通はこちらが色違いを聞いているなら、まずはそこを答えるところを「おめでとうございます」を先に言ってくれたことだ。私は人として、ちょっとした感動を覚えずにはいられなかった。

私が大学を卒業して呉服チェーンに入社したての頃、振袖を探しにきたお客様に、「どんな振袖を着たいと思っていますか？」とお声かけをしたら、あとで当時の店長から「柴田！『どんな振袖が着たいか？』の前に、『ご成人おめでとうございます』だろ！」と叱られたことを思い出した。**接客業には、店員として対応する以前に、人としての当たり前の対応ができるかどうかが問われる**ことが多々ある。

私がアパレル専門チェーンの社長時代、ファミリーブランドショップを開店したとき、子供服バイヤーが朝礼に来て、「お子様と接するときには、絶対にしゃがんで目線を同じにして対応してください」と言っていたのもそうだ。つい見下ろして話してしまいそうな子供に、しゃがんで目線を合わせる。これも人としての接するという基本だ。

私たちは、つい売るという対応が頭にあるから、本来の人としてどう接するべきかが抜けることがある。これだけ、ネット購買や店頭の無人化、セルフ化が進む中、我々店員が最も大切にしたいことって、ちゃんと祝福やお礼の言葉が言えたり、ちゃんとお詫びの言葉がすぐに言えたり、こんなことじゃないだろうか。

鬼100則 06

人間力なんて、ちょっとしたこと

本書を手に取った方々は、少なからず「売りたい」と思っているに違いない。では、「売れる人」ってどんな人かと考えたことはあるだろうか？

これといった明確な答えはないかもしれないが、私が過去たくさんの店員を見てきた経験から言うと「またこの人から買いたいと思われるような、人間力のある店員」だ。

たとえあなたがどれだけ商品に詳しくとも、それでお客様に「この人からまた買いたい」と思われるかといえばそうではない。

人間力と聞いて、ちょっと引き気味になった方もいるかもしれない。また、「私には、そんな人間力なんてたいそうなものはない」と思うかもしれない。

でも、私はそんな「聖人君子」のような「人として、先生と呼ばれるような人」を指しているつもりはない。**接客や販売に必要な人間力とは、実は日常生活に落ちているようなちょっとした簡単なこと**だと思う。

例えば、「コンビニに先に入った人が、あとから来る人にほんの少しの間、ドア開けて待っていてあげる」とか「新幹線を降りるとき、後ろの席の人のために座席を戻したり、自分のゴミを持ち帰ったりする」とか「お客様が帰りに靴を履きやすいように、つま先を玄関側に向けて揃え、横にさりげなく靴べらを添えておく」とか、あげればキリがない。**日常生活におけるちょっとした気配り・目配り・心配り**だ。これを、私は日常における人間力と呼ぶ。

一見、「売れる」とは無関係に見えるかもしれないが、**人が人へモノを売る以上は、当たり前のことができる人という信頼感を得られなくてはならない。**

たくさんの荷物を持ったお客様がいたら、「お荷物、お預かりいたしましょうか？」とか、冷房が効きすぎた店内だったら「寒くありませんか？」とか、レジ待ちが長くなっていたら「お待たせして申し訳ございません」などの一言が言えたりすることが、この人から買いたいと思えるような人間力の種だ。

人間力と聞いて、何も「すごいこと」を考えなくてもいい。日常におけるほんの少しの相手を思いやれる力、それこそを接客・販売に必要な「人間力」と呼ぶのだ。

鬼100則 07

売ればいいは、食えればいいと一緒だ！

「柴田さん、売るための人間力もいいんやけどな。今欲しいのは目の前の売上や。きれいに売ろうとすることよりも、泥臭くてもいいからすぐに売上をもらえること。お客に売れることや。買ってもらったらええねんから、すぐに売れるコツやノウハウを話してよ」と、某ショッピングモールの館長から講演の事前打ち合わせで言われたことがある。かなり昔の話だが、いまだにこの言葉は私の胸に突き刺さったまま忘れられない。

言っていることも正論であり、間違ってはいない。大阪で商売を学んだ私には、実に大阪らしい考え方だとも思った。確かに今一番欲しいのは、今日・明日の売上かもしれない。しかし、「売ればいい」というこの言葉が、私にすごく違和感を与えたのだ。

販売に人格を求めないなら、仕事に成長を求めないのと同じだと思う。お客様のことを考えずして、とにかく売ればいいというのは絶対に嫌だ。

こういった実利主義。いわゆる、結果が出さえすればいいって人は……、

きっと「食事なんて、腹満たせればいい」ってな人だし、
きっと「泊まるとこなんて、横になれればいい」ってな人だし、
きっと「車なんて、動けばいい」ってな人だし、
「生きるなんて、要領よく生きられればいい」ってな人かもしれない。

私は、**販売にはいつも売り方を求めていたいし、接客にはいつも「ホスピタリティ」を求めていたいし、接客販売を通じて、悩み、考え、楽しみ、人の道を学び続けたい。**

我々は、社会活動の一貫のサイクルの輪の中で販売を行っているのだ。「自分さえ良ければいい」ではない。

決して、店員は８時間の販売マシーンをしているわけでもないし、店番をしているわけでもない。お客様に商品を売ることを通して、ドラマを作り、人間的な成長をしていくのだ。

その確固たる想いに変わりはないし、皆さんにもそう思っていて欲しい。

鬼100則 08

いつも同じ自分を見せろ

私は毎朝の散歩の帰りに、近所のコンビニに寄るのが日課だ。

先日のこと。早朝のコンビニは、いつも若いアルバイトが立っているのだが、その日は昼にいる店長が立っていた。きっとシフトの調整日だとは思うのだが、この店長、昼の勤務時にはすごく気さくな人なのに、その日の早朝は別人かと思うくらいに疲れていて、無口で目つきが悪かった。昼間に見る顔はいい人柄がにじみ出ているだけに感じが悪く、プロの店員としてとても残念で仕方がなかった。

話は変わるが、私がアパレル専門チェーンの社長と店長を兼任していたときのこと。いつもは元気な若い女性店員さんが、朝礼時に何か表情が冴えない。体調でも悪いのかなと思ったが、その後の接客姿を見ていると明るいいつもの顔に戻っていたので安心した。しかし、接客が終わるとまた元気がなくなっていたので心配になり、休憩時間に話しかけた。

「何かあった？　いつもより元気がない気がするけど。大丈夫？」

するよと彼女は、目にいっぱい涙をためたあと、しゃがみこみ泣きはじめた。どうやら家で飼っていたペットの犬が、今朝亡くなったらしい。それでも出勤し、いつもと同じ顔を見せて接客をしていたが、どうやら私が声をかけたことで抑えていた気持ちが噴き出したようだ。

私は帰るようにすすめたが、彼女は気丈にこう答えた。

「大丈夫です。家に帰っても生き返るわけではないですし、接客していたほうが気がまぎれます。それにお客様には関係ないことなので、いつもの自分の顔で接しますからご安心ください」

結局、最後まで、お客様の前では元気ないつもの彼女だった。

私は、こう思う。**店員という仕事は、どんな業種であれ、店という舞台に立つ仕事**だ。当然ながら舞台上は常に同じ顔であることが求められる。だから**気分にムラがあったり、ときに明るくときに暗いというのは困る。**厳しい言い方になるが、前述のコンビニの店長では困るのだ。

そういう意味では、彼女が自分をお客様に提供する意味をわきまえて、接客に従事していたことに私は感心するし、プロとしての意識を感じた。店は舞台、店員は演ずる役者。そして、常にお客様は演ずるあなたに会いに来店されるのだ。

鬼100則 09

機転が利く店員、利かない店員の差はここにあり

先日、知人と一緒にイタリアンの店へランチに行ったときのこと。食事が済んだので、近くを通ったアルバイトの店員に追加でアイスコーヒーを頼んだ。すると、改めて伝票を持ってきて、こう切り出した。

「お客様、お飲み物をご注文されるのでしたら、ランチに飲み物がつく『ランチセット』に変更いたしますね。100円、お安くなりますから」

おー、こういう対応って素晴らしい。普段よくある何気ない光景ではあるが、向こうから言ってくれなかったら、同じ注文で多く支払っていた。それになんといってもマニュア**ルには書いてないとっさの機転で、お客様のためを思った対応をしてくれた**ことが嬉しい。

この話題の応用編になるが、ファミレスに何人かで行って、各人ばらばらに好きなものを注文したら、

「でしたら、パスタとコーヒーはパスタセットに。ケーキとコーヒーは別々の方が頼ま

れましたが、ケーキセットにさせてもらいますね。これで、かなりお安くなりますから」なんて言って、バラバラな注文をセットに組み直し、お得な料金にしてくれる店員がいる。

もうひとつ、事例を伝えたい。私は大学時代、イタリアンの店でバイトをしていたことがある。当然、お客様がグラスを落として割れることがよく起きる。バイト店員は、タオルとホウキとちりとりを持ってお客様のところに走るのだが、中にはお客様用のおしぼりと替えのグラスまで用意するバイトもいた。言われてもいないのに用意できるのだ。

私は、機転の利く、利かないの差をこう思う。どこまでお客様の身になって考えてあげられるか？

「お客様を自分の立場に置き換えて考えられる習慣を持つ店員」が、機転が利く店員という名誉がもらえるのではないだろうか。もちろん、相手に興味がない店員や、無関心な店員、サービスを考えたこともない店員には、思いもよらないかもしれない。

え？　どうしたらそうなれるのか？　簡単だ。「私がお客だったら……」を、頭の隅にいつも置いておくだけだ。

鬼100則 10

1万円以上でプレゼント。9999円のお客様はどうするの？

1万円以上お買い上げのお客様にノベルティをプレゼント。でも、お会計は9999円だった。さて、あなたならどうする？　おそらく次の3択のどれかになるだろう。

①残り1円のために、商品をすすめる
②残念でしたね、とスルーする
③1円足りないけど使ってください、とノベルティをお渡しする

マニュアル通りにするならば、①か②だ。規定の1万円に1円とはいえ達していないのだから、当たり前といえば当たり前。

しかし、それでいいのか？　これは確かに極端な例だが、店仕事、いわゆる人間関係の仕事の難しいところだ。

誤解のないように読んでもらいたいのだが、きっと売れる販売員は、③を選ぶ。なぜか？

こちらがどのような理由をつけようが、お客様の心情は、「たった1円じゃない。くれたっ

ていいのに。ケチな店！」となるからだ。

マニュアルのいい点は、すべての人の言動を標準化できることにある。いわゆる、全員同じことをさせることを目的にしているのだ。当然、店には店長からアルバイトまで、キャリアも責任も違ういろんなスタッフがいる。権限がある店員のお客様だけが、１円足りなくてもノベルティをもらえ、学生アルバイトのお客様はもらえない。なんてあってはいけないから、マニュアルという「ものさし」で、行動を統一化させるのはわかる。だから、店員の標準化を崩すようなことを私はあえて断言したくはない。

ただし、お客様はすべて違う人だ。名簿にもランクづけがあるのに、対応は平等ってなんかおかしいと思う。人間関係の**仕事をする限り、差別はあってはいけないが、区別はあってしかるべき**だと思う。

そして、ぶれてはいけない原則がある。それは、「お客様がどう感じるか？」だ。

もちろん勝手な判断は御法度だし、店の指示を無視するわけにはいかない。だから、もし「お客様がどう思うだろうか？」と**迷う場面があれば、必ず店長に相談する**べきだ。やはり、「お客様がどのように感じるか」を店員として一番に考えなくてはいけない。

鬼100則 11

「ありがとう」と口で言わずに、伝えろ

私が社長だった頃、初売りの日は、お客様へのお釣りとして「ピン札」の千円札を使った。なぜ、ピン札なのか？　もちろん、お正月から気持ちを新たにするという意味での「気分一新」を表現したかったこともある。が、それ以上に私が考えたのは、きっと初売りの日はごった返すから「ありがとう」を言いそびれてしまうお客様もいるかもしれない。それならば、すべてのお客様への感謝の気持ちをピン札で表そうと思い、配布したわけだ。

意外にも反応は良かった。顧客から「ピン札でお釣りいただいちゃってビックリしたわー。社長さんの気持ちに感動したわ」と、お世辞にも言っていただき、嬉しかった。

確かに、**口で言う「ありがとう」は大切だし、ダイレクトに伝わる。でも、お客様の視点から見ればそれは当たり前であって、言わないと苦情になる**のだ。

言葉以外にも、お店から無言のありがとうが店に満ち溢れていたら、きっとお客様の記憶に残り、かつ、また来たい店と思われるはずだ。

といっても、大げさでなくてもいい。日本人は、表立って大げさなことをされるのが嫌いだ。ファミレスのハッピーバースデーコール（誕生日のお客様に、店員が歌を歌う）も、最初は珍しさで流行《はや》ったが、結局は大げさにお祝いをされることが気恥ずかしい日本人気質には合わなくて、ほとんど見なくなった。

例えば、いつもトイレがきれいに清掃され一輪の花が挿してあるとか、試着室の前には必ずお連れ様用の椅子とちょっとした雑誌が置いてあるとか、お子様用のキャンディがレジにあって自由に持ち帰れたりとか。

でも、これらは一番最初に、「やーめた！」となるサービスだ。だって、**お客様からの反応はないし、費用対効果がないように感じられる**からだ。数字でしか見ていない上司だったら、真っ先にやめてしまいそうである。

だけど、お客様への「無言のありがとうございます」が目的なんだから、反応がなくて当たり前。経費効果が検証できなくて当たり前。一番、面倒な仕事と化して当たり前。

だからこそ、やることが「ありがとう」になるのだ。あなたの店に無言の「ありがとう」は、どれくらいあるだろうか？

最後に、**言葉ではない究極のありがとうは、店員の笑顔である**ことを忘れてはいけない。

鬼100則 12

お客様が買われなかったのは○○だから

私は販売セミナーをするとき、受講者に対して、必ずセミナーの冒頭でこんな質問をしている。

『お客様が買われなかったのは○○だから』。さて、この「○○だから」の「○○」に何が入りますか？　直感で構わないので、頭に瞬間的にひらめいたものをメモしてみて！」

たいていの受講者は、この「○○だから」には、「気に入らなかった」とか「予算が合わなかったから」などといったことを書く。中には「時間がなかったから」と書く人もいる。

頭にひらめいたものを書いてもらったので、間違いではない。ただ、「気に入らなかった」とか、「予算が合わなかった」とか、それはあくまで店員側の推測であって、不確かなものだ。

「○○だから」に入る言葉は、ほぼ推測になる。本当のところはわからない。いや、正確に言えばお客様に聞いても、お客様だって正確な理由が言えない場合だってあるだろう。

だが、ジグソーパズルのピースのように、ひとつだけ「○○だから」の中にピタッとはまる言葉がある。

それは、「店員の接客技術が、お金をいただくレベルに達していなかったから」である。**お客様が、気に入らなかったから買わなかったとしたならば、店員が「気に入って買いたい（お金を払ってでも手に入れたい）と思わせる技量がなかった」**のである。

言ってしまえば、「お金をいただけるだけの接客技術がなかった」ということである。

こう考えると、売れる店員と売れない店員の差が見えてくると思う。

売れる店員は、お金をいただける接客や販売の技術を習得しているから売上という対価がもらえるのだ。

もう少し身近な例で言うと、あなたの周りにいる面白いヤツと、お笑い芸人の差は何か？

お笑い芸人の面白い話はお金を払うに値しているが、あなたの周りの面白いヤツはお金を払うレベルではないのだ。

社会的には、これをプロと素人の差と言う。もしかしたら、**あなたが売れないのは、「素人店員」だからかもしれない。**ならば、販売技術をお金をいただけるレベルまで上げるように修練するしかないのだ。

鬼100則 13

評論家になるな

「この商品は、魅力がないから売れない」

「もっと売れ筋商品があったら、売上を作れるのに」

「うちの商品は、かわいくないから売れない」

「うちのブランドは、人気がないから売れないんだ」

と、いった店員の愚痴をよく聞く。

売れていないとき、ついそのようなことを言ってしまいたくなる気持ちはわからなくもないが、安易に口にしてしまうのはやめたほうがいい。その言葉は、あなたにブーメランのように返ってきてしまう、自分の首を絞めるような言葉だからだ。

こう考えてみて欲しい。仮に、魅力ある、誰もが欲しがる商品があったとしたらどうだろう？　きっと、あなたの手腕を発揮せずとも、飛ぶように売れていくのが目に浮かぶのではないだろうか？

それが意味するものは、アドバイザーがいらないということ。

あなたが、冒頭の愚痴を言っているとしたなら、**自分がいかに不要な店員であるかを上司に言っているのにも等しいことになる。**そして、入荷した商品が黙って売れる商品か売れない商品かの視点だけで見はじめたならば、あなたは店員ではなく評論家になるのだ。

そして、黙っていても売れていくような人気商品が並んだと仮定すれば、店に立つのは、店員であるあなたより、警備服を着た万引き防止の警備員のほうがいいのではないか？

そしてレジは、アルバイトのレジ専門の店員でいい。こうすれば万引きもされないし、レジ専任なら処理のミスも少ないと思う。

あなたが店員としてそこに存在する理由を考えてみて欲しい。

黙って売れない商品こそ、あなたの接客で磨き光らせて、なおかつお客様に似合うようにしてあげて、売ってもらいたいのだ。

あなたは売るという販売技術を通して、お客様を喜ばせるという仕事をしなければならない。それが、店員が店に存在する理由ではないか。

鬼100則 14

「自分らしさ」が指す自分を捨ててみろ！

先日テレビで、職場で横行するパワハラの大特集をやっていた。職場での心の病が取り沙汰される昨今、パワハラは大きな社会問題となっている。そんな時代が背景だけに、誤解のないように読んで欲しい。

私は若い頃、かなりの面倒くさがり屋だったので、多くの先輩から怒られた。当時の私は「怒られない同期」より「怒られる私」のほうが期待されていると思っていたから、それでもやってこれた。しかしその中には、忘れられないトラウマとなった指導がある。

私がミスをしたとき、当時の店長にこう言って怒鳴られた。

私「自分らしく、頑張ります」

店長「柴田！　お前の低いレベルの『自分』をカッコつけて『自分らしく』なんて、美化すんなや！　『自分らしさ』なんて美化しているうちは、成長するか！　ボケ！　捨てろ！　そんな低いレベルの『自分らしさ』は！」

このショッキングな言葉は、いまだに心に突き刺さったままだ。だから今でも、「私の自分らしさは、どのレベルまで成長してきただろうか？」と、自分自身に問う。

あの店長のおかげで、「自分らしさ」がいい意味でトラウマ化しているので、実は感謝している。だって、この「自分らしさ」を問い続ける禅問答のような習慣は、成長して生きることそのものを説いているのではないかと感じることがあるからだ。

若い頃（当然、私自身が若い頃も）は、「自分らしさ」を大切にしたいとよく言う。また、「自分探し」という言葉もよく口にする。だが、自分、自分という割に、その言葉が指す「自分」というものが何なのか、どのレベルなのかを問うことは少ないと思う。

「自分らしさ」は、はたして肯定してもいいレベルなのか？　そこを考えることは、大切だ。皆さんも一度、「自分らしさ」が指す「自分」と向き合ってみることを強くすすめる。

あなたが大切にしている**「自分らしさ」にこだわるからこそ、成長が止まっている場合だってあるからだ。**もし、大切にする「自分」が甘えたわがままな勝手な自分だったらどうする？　間違いなく、「自分らしさ」を間違って保持している。

低いレベルの「自分らしさ」を捨てると決断したときに、あなたは急激な成長をはじめる。それを「自分磨き」と呼ぶ。

鬼100則 15

好きなだけなら、趣味の世界

私は小学校の頃にサッカーをしていたこともあって、日本代表の戦熱が好きだ。なんといっても、日本がひとつになれることがいい。

そんなわけで、ワールドカップの話をしたいのだが、サッカーが好きではない方は、少々我慢しながらも、ぜひ読んで欲しい。２０１８年、ワールドカップロシア大会のグループステージ。我らが日本代表は、ポーランド戦で決勝トーナメントに進出するために、負けているにもかかわらず、後半の残り時間をパス回しに使う（時間稼ぎ）という前代未聞（？）の策に出た。試合に負けても、別会場のライバルの試合結果次第で進出できるからだ。

結果として決勝トーナメントに進めることにはなったが、そのやり方について日本ファンの賛否は分かれた。「醜い勝ちよりも、美しい負けのほうがいい」と、大勢の日本人は思ったはずだ。なんか武士道の日本人らしい考え方だなと思った。いろんな考えがあることは承知で、私はこの作戦をした日本は正しいと思う。なぜか？

プロサッカーの祭典の「ワールドカップ」は、アマチュアの祭典「オリンピック」とは違うからである。

接客・販売も一緒である。**接客・販売もお金をもらう以上は、プロである。**コンサルタントとして、いろんな店を見ると、「売上はなくても、いい接客をしよう」という言葉をよく耳にすることがあるが、私は耳を疑う。「売上はなくとも」の部分に。

この言葉は違う。いい接客をすれば売上はついてくるし、やはりプロである限り結果は必要だ。

私は社長時代に何回か、「売上はないんですが、接客が好きです」というスタッフに出会った。私はいつもこの発言に対して口には出さなかったがこう思っていた。「接客が好きなだけなら、よその会社で思う存分に接客をしてくれ！」と。「好きなだけなら、副業のフリーマーケットで販売したらいいじゃないか」と。

我々は、**お客様に喜んでもらい、その産物の売上をいただく**のだ。我々は、お給与をいただく限り、結果からは逃れられない。**売上にならない販売は、お客様を本当に満足させられてない**のだ。

あえて厳しい言い方をする。それは、自己満足にすぎない。そして、趣味の世界だ。

鬼100則 16

お客様は神様？ そんなはずがない

まずは、私の若き新人時代のお恥ずかしい話をしたい。

私は呉服のチェーン店で、お客様に「買わなくても結構ですが」と言って、大問題になったことがある。お客様から無理やり「値引き」を要求されたのでそれをやんわり断ると、「権限ある人を呼んでくれない？ 何だかんだ言って値引いても売りたいんでしょ」と言われたのだ。私はカチンときて、「じゃ、買わなくていいです」的なことを言った。その言葉を言われたお客様は怒って帰り、本社の「お客様相談室」に電話をしたのだ。

こっぴどく怒られたのを今でも鮮明に覚えている。そのとき、何度も「柴田、お客様は神様なんだぞ！ わかってんのか！」と耳に残るくらい諭《さと》された。

この話を読んだ読者の方は、私がさぞ懲りて考えを改めたことだろうと思われたかもしれないが、私は今も「お客様は、神様扱いする存在じゃない！」という考え方を変えていない。私の根底にはこんな考えがある。

「お客様は神様です」が正論ならば、店員は下僕となる。そんなはずはなかろう。神様の言うことが絶対であるとしたら、お客様には絶対である扱いをしないといけない。

昨今は、カスタマーハラスメントが話題となっている。いわゆる、お客様から受ける行き過ぎた苦情被害のことだ。完全にお客様が神様で、店員というしもべにもの申す立場関係がベースとなっている。これじゃ、店員もたまったもんじゃない。デリケートなことなので、誤解のないように書きたいのだが、昔から言われる**「お客様は神様」であるというあまりにも強すぎる信仰が、至るところにクレーマーを生み出している**のだ。

何を言いたいたいのか？　店員は、お客様を神様のように祭りあげて商品を買ってもらうのが仕事ではない。

ちゃんと商品の良さを伝える力を勉強し、節度ある接し方をもって、楽しんで買っていただく技量を有するものと、その奉仕を受けるもの。それが店員とお客様の正しい関係性である。ゆえに神様という言葉に逃げ、勉強せずとも頭を下げて、値段を引いて売ってはいけない。**ちゃんと伝達力・接遇力・提案力を使って、お客様に理解をいただいて買っていただく**、それを理想としようじゃないか。間違っても、神様に仕立てあげ、媚びるように値段を下げて、売買する関係性を築くことは避けるべきだ。

鬼100則 17

接客は、誰でもやれるが、誰もができるわけじゃない

「接客？　資格もいらないし、店に立てば誰でもできる仕事でしょ？」

残念だが、心の中ではこんな風に思っている人が多い。接客や販売・営業といった、人にサービスを提供するという仕事を実際にしたことがない人に見られる偏見である。

私は、アパレル専門チェーンの社長のとき、何度かメーカーの方と大げんかをした。うちの店舗に対して「店員なんて普通に話ができれば誰だっていいから、もう一人揃えてくださいよ」と執拗に言ってきたからだ。よくよく話すと彼らは、接客する店員なんて立っているだけでいいと思っていた。

彼らは、こうとも言った。「店員は動くマネキンだから、きれいな子ならば話ができなくてもいい。見た目重視で揃えてください」と。

言いたいことがぶれるので、これくらいにしたいのだが、要するに店員を「店番」・「マネキン」レベルでしか思っていないふしがあり、「接客軽視」の傾向が強かった。それに

私はひどく憤りを感じてしまったのだ。

私は、誰もができるなんてとんでもないと思っている。**誰でも店には立てるが、誰もが接客や販売ができるわけではない。**そこには、磨かなければいけないスキルが存在する。

わかりやすくたとえるならば、「店に立つ」のと「バッターボックスに立つ」のは一緒で、接客と野球のヒットは一緒だと思うのだ。

「誰もがバッターボックスには立てる。誰でもバットは振れる。でも、誰もがヒットを打てるわけではない」

「誰もが店には立てる。誰でもお客様と話すことはできる。でも、誰もが接客できるわけではない。そして、誰もが、販売できるわけではない」

「バットを振る」と「ヒットを打つ」は違う。「お客様と話す」と「お客様に伝える」は違う。もっと言うなら、お客様と雑談することは誰でもできるが、お客様と心の距離を縮めるコミュニケーションは誰でもできることではない。さらに店員は、**お客様に提案し、伝え、喜んでもらい、お金をいただくという行為をしないといけない**のだ。「立つだけでいい」人に、これができるわけがない。

鬼100則 18

「簡単そう」が、一番難しく高度である

読者の皆さんは、ゴルフをやるだろうか？　私は20代のときにやってはみたが、あまりにうまくならないので放棄してしまった。だから、いつもテレビでゴルフ中継を見ては、プロはあんなに簡単そうに振って飛ばしてるのに、なんでできなかったのだろうとさえ思ってしまう。だが、実際はあの自然なスイングが、超難しいのだ。きっとそれが、プロの一流たる所以《ゆえん》だろう。

あのイチローだってそうだった。簡単そうにヒットを打った。実に見ていると簡単そうだ。だから、私でもやれそうな気に一瞬なる。でも、おそらくプロの投げたボールはバットに擦りさえしないはずだ。

何を言いたいのか。**何の道も一流がやると、自然体で簡単そうに見える**ということだ。物事を極めていった先の姿が、そこにはある。**突き詰めれば突き詰めるほど無駄がそぎ落とされ、必要なものだけが残る。**シンプル美だ。シンプルだからこそ、それを見た素人は

やれそうに見えるし、簡単そうに見える。

当然、店員もしかりだ。私は数々の一流店員を見てきた。一流店員はアプローチからクロージングまで、すべて自然で簡単そうにする。自然すぎて、すごさがいまいち感じられない。だけど、そこがすごいのだ。いかに自然な接客が難しいか、やってはじめて知る。

特にアプローチに関しては、何も考えていないかのように自然に声をかけている。そこに、何かの法則や定義があるのかとさえ感じるくらい、簡単に思いついたようにやる。あまりに自然すぎるので、お客様も身構えずに自然に受け答えをはじめてしまう。

一流の店員の手にかかると、お客様は気づくと流れの中で最終的には買っているのだ。そんな自然体な販売も、実は**たくさんの不自然な販売を積み重ねてこそ、はじめてたどり着ける**のだ。それが、自然体な簡単そうに見える販売。

自然体は、不自然な積み重ねのずーっと先にあるのだ。

そして、その自然体な聖地は、歩くのをやめなければきっとたどり着ける地だと信じてやまない。

お客様は店で夢を見たい

お客様は店で店員と話すとき、多かれ少なかれ日常生活とは違った別の顔を見せ、非日常の自分を楽しまれている。ゆえに私たち店員は、その**お客様の非日常の楽しみのお手伝いをしている**ことを忘れてはいけない。

そこでひとつ、私の失敗談を手短にお話ししたい。

私がアパレル専門チェーンの社長のとき、うちのセレクトショップでいつも何十万円という桁違いな買い物をしていただける田中さん（仮名）というお客様がいらっしゃった。田中さんは、いつも洋服を優雅に品良く着こなし、歩いていたら人目を引くようなセレブ感漂う女性だった。うちの店員の間でも、「ご主人はどんな方なのかしら？　田中さん、素敵よね」と噂になっていた。そして来店された際には、スタッフあげて田中さんをもてなしたものだ。

そんな田中さんがある日、封筒に入った書類を置き忘れて帰られてしまった。電話をしたら、店に置いておいてくれとのことだっただが、住所を調べると私の家の方面だったので、書類が大切なものだったら困ると思い、田中さんのご自宅へ届けることにした。

封筒を持ってカーナビの示す住所に向かう。すると……言葉は良くないが、空家のような、古びた木造平家がその目的地になっていた。田中さんのいつものセレブ的なイメージとはまったく違う、それこそ朽ちそうで見落としそうなご自宅だったのだ。私は迷った。しかし、大切な封筒だったら困るので、やはり手紙を添えて投函して帰った。

今でも、投函しなければよかったと後悔している。実はそれ以来、田中さんが来られなくなったのだ。携帯にお電話しても出られない。律儀な方なので、届けたことがわかればお礼は絶対くださるはずなのに、それもない。音信不通になったのだ。

考えられるのは、ひとつだけ。家に行ってしまい、田中さんの本当の私生活を覗いてしまったことだ。田中さんは、こぎれいな出で立ちで店に訪れ、それこそＶＩＰ扱いされる非日常の夢を見られていたのだ。その夢を、私は自宅を訪ね、壊してしまった。

店員は多かれ少なかれ、お客様の夢空間を作り、気持ち良くなっていただくという大切な仕事を担っている。このことを、しっかりと心に留めておいて欲しい。

鬼100則 20

繁盛する美容室から学ぶ。接客は、まねろ！

私の行きつけの美容院。オーナー店長と男子スタッフ3名でやっている店なのだが、ここに予約の電話をするとすごいことがある。何か？

全員が同じ声、同じしゃべり方で、誰なんだか見事に区別がつかないのだ。年長者であるオーナーの声が、年相応の渋みからかろうじてわかる程度で、ほぼ聞き分けがつかない。

正確に言うと他の3人のしゃべり方や声が、オーナーにどんどん似てきたのである。

「お電話ありがとうございます！　美容室○○でーす！」

「柴田ですが……誰ですか？（苦笑）」

いつもこんな感じなのだ。

店長不在や先輩不在の店の新人スタッフが成長しないのは、教える人がいないからじゃなくて、まねる人がいないからだ。**成長とか、覚えるということは、実は誰かをまねる（学ぶ）ことからはじまる。**そのまねる人がいないから、成長ができないのだ。

特に店員は、やり方を耳で聞けるからまねるのが早い。歌と同じだ。歌詞と音符を見ながら覚えるわけじゃなく、歌を耳から聞いて覚えるわけだ。まねる先輩がいるってことは、毎日、先輩の販売という「歌」を聞いてるようなもので、それを口ずさみ、実践して、モノにしていく。それが、一番早い。

もっと言えば、言葉だって、あいうえおの50音を見て覚えるんじゃない。親が話している日本語を赤ん坊のときから耳で聞いて、まねて、覚えていくのだ。だから読み書きができなくても、話すことは早くできるようになる。

冒頭の美容室に勤めると、店長の接客という素晴らしい歌を耳から覚え、まねて、それを自分のものにして、できるようになっていくのだ。

あなたに、良き接客を聞かせてくれる名先輩はいるか？　いないのなら、**休日は家にいないで、売れている店に出かけて、その接客を受けてみる。**売れる店を視察するといいのは、売れている人を見て、聞いて、まねられるから。売れる店員の接客を受けるのは、価値がある。

鬼100則 21

日々「なんとなく感じるもの」を磨け！

先日、ＢＳテレビを見ていたら、巨匠の仕事という内容の特番で『フランス料理の名店にレシピなし』という特集が放送されていた。

ざっくりと内容を書けば、フランスの予約の取れない超人気店の味付けに、実はこれといって明記されたレシピはなく、味付けの決め手はなんと最後に味見する有名オーナーシェフの舌である、というびっくりな内容であった。

名店の味の決め手が、こんなアナログだったことに私は驚いた。最後にオーナーシェフが味見をして「なんとなく味が濃い」とか、「なんとなく塩味が足りない」とか、そんな感じで名店の料理ができあがるのだ。決め手は、「なんとなく感じるもの」だったのだ。

また、以前にも、世界的な美術品の真贋（本物か？　偽物か？）を見抜く、鑑定士の特集があり、そのときも同じような内容をやっていた。

世界的な鑑定士ならば、どれだけの最新技術を駆使して、真贋判定するのかと思っていたら、最後の最後は鑑定士の経験と知識と技術診断結果を元に、言い方は乱暴かもしれないが「なんとなく、本物と感じるか？　偽物と感じるか？」らしいのだ。

もうひとつだけ、例を出したい。男性アイドルのジャニーズ帝国を作りあげた、故ジャニー喜多川氏の、男性アイドルの人材発掘の決め手も確か「なんとなく、ピンときた」だった。

何を言いたいか。私は、販売も接客も根っこは一緒だと思う。「販売は、技術だ」と言う接客のコンサルタントが圧倒的に多いが、それは少し違う。**販売も「なんとなく感じること」の精度の差が、決め手**なんだと思う。

この接客じゃ買ってはもらえない。この気に入り方じゃ購入には至らない。この反応はお客様は満足している。これは返品になる。そこを「なんとなく感じられるか？」が大切。最後は、明文化できない「なんとなく」を磨く。つまり、日々、接客経験したり、セミナー研修を受けたりしているのも「なんとなく」の感覚の精度を上げるためだと思う。

本人は、**気づいていないかもしれないが、日々、見て、聞いて、触れるだけで「なんとなく」のレベルは確実に上がっているの**だ。当然、感覚は怠ると鈍る。継続して磨いていくことが大切。だから、日々続けることに意味があり、毎日の経験こそが実を結ぶのである。

鬼100則 22

「接客に向いてない人はいますか？」に答える

接客に向いてない人はいますか？　この質問は、すごくよく聞かれる。結論から言うと、基本的に接客や販売に向いてない人はいない。ただし、成長して変わらないと、続かないだろうなと思える人はたくさんいる。要するに、仕事を通じて成長し変化しないと、本人もお客様も会社もストレスがたまってしまうのだ。具体的には次のような人である。

●不満体質な妬みグセがある人

不満体質の人はストレスが絶対にたまる。また、他人を妬む人は陰口を言う癖があり、店仕事の人間関係でやっかいな存在になりかねない。「自分ばかりがなぜ？」という不満思考を持たないことが大切だ。

●他人のせいにする癖がある人

店仕事は責任の所在が明確ではないので、「売上がない」言い訳など、いくらでも作れる。自分と対峙できない人は、自分の中に原因を少しでも見つける習慣が必要だ。

●自分を必要以上に責める人

「自分なんて、向いてない」と、自分にNGばかり出しすぎると、自責の思いをためこんで風船のように破裂してしまう。自分を責めすぎず、自己嫌悪にならぬように、相談相手を持ち、自分に自信を持てる思考を習慣化することが必要だ。

●他人の気持ちを察することができない思いやりのない人

接客という仕事のみならず、こういう人は人間関係においてうまくいかないことが多い。少なくとも社会で生きること自体、思いやりを持って生きることが前提である。まして仕事ではお客様視点が求められる。

●思い通りに完璧な仕事をしたい人

店仕事とはほぼ思い通りにはならないことへの対処が多い。計画通りの結果にならないことをどう修正していくかが理解できないと、ストレス過多な日々になる。フレキシブルに考える思考を持つことが必要だ。

鬼100則 23

水泳は、本じゃなくてプールで学ぶもの

「販売士の資格を持っているので、接客や販売のことは多少わかっているつもりでいます」と、面接時に自己アピールしてくる方を採用しても、売れなかったり、顧客ができなかったりすることが多かった。なぜか？

接客や販売という対人仕事は文字で覚えることではなく、実際にやってみて、失敗したり成功したりしながらコツを習得し、成長していくものだからだ。いわゆる、経験が学びになる仕事である。もちろん、資格そのものを否定するつもりはないし、知識はあったほうがいいに決まっている。

例えば、資格の試験には苦情の対処法もあると思うが、どれだけ知識で学んでも実際に現場で怒っていらっしゃるお客様には理屈なんて通用しない。通用するのは誠意ある対応のみだ。これを教えてくれるのは、文字ではなく知識でもない。体験して身をもって学ぶしかないのだ。

私は大学時代、経済学部で教授から経営学を学んだ。もちろんその後の経営に役に立っていないとは言わないが、独立の際に酒を酌み交わした従業員３名の板金屋の社長から聞いた「銀行とのつきあい方」のほうが役に立った。

その差は何か？　経済学部の教授は実際に経営はしたことがない人であり、板金屋の社長はたとえ３名でも経営者なのだ。教授の話は知識であり、板金屋の社長の話は体験である。実践してみて役に立つのは実践論、すなわち体験からくる言葉である。

どちらの例も、わかりやすいと思ってチョイスして書いてみたが、学びたい気持ちがあり、純粋な心構えがあるならば、なおさら**経験を経て、それに足りないものを資格やセミナーなどで補足していけばいい**のだと思う。

水泳と接客は一緒である。現場（プールと店）で学ぶことが多いはずだ。まずは、習うより慣れろ。いろいろと悩みは尽きない仕事ではあるが、その悩みを解決してくれるのは、きっと知識ではない。すべてお客様という先生が教えてくれるのだ。

悩んでいるなら店頭に出て、無心で接客するのが早い。

もちろん本書も読んだだけでは意味がない。実践しながら活用して欲しい。

お客様は店員にとって、ときにティーチャーであり、ときにドクターでもあるのだ。

第 2 章

Approach
～ アプローチの鬼 ～

僕は決して「打率4割」とは言わないんです。6割の失敗は許してやるわ、と。いつもそう言っているんです。

イチロー

人間はダイヤモンドだ。ダイヤモンドを磨くことができるのはダイヤモンドしかない。人間を磨くにも人間とコミュニケーションをとるしかないんだよ。

チェ・ゲバラ

あなたが出会う最大の敵は、いつもあなた自身であるだろう。

フリードリヒ・ヴィルヘルム・ニーチェ

鬼100則 24

あなたが一人だから、お客様は入店する

最近は人材不足という背景もあり、人員が極めて少ない中で運営する店が多くなってきた。大型ショップは別として、昼休憩を回す数時間は、店頭に一人で待機という場合も少なくはない。そんな一人での店頭のときに限ってお客様がたくさん入店し、店頭人員が複数になったときに限って、お客様がすっと引いてしまうということはないだろうか?

また、お店の棚卸の忙しい日に限ってやたらと入店客が多かったり、配送時間に間に合わすために真剣に梱包しているときに限って入店客が多かったりする。

こんな経験は、店仕事をしていたら絶対にあるはずだ。そして、「もっと人員がいてくれたらな」と、つぶやきたくなる。が皮肉なことに、スタッフが増えると入店がなくなるのだ。

実はこれ、偶然起こっているわけではなく、必然的に起こっている。

実はお客様は、店員を見て入ってきているのだ。**「接客されることのない店頭」がそこ**

にあるから、入店するというわけだ。逆に言えば、たくさんのスタッフの手が空いていて、お客様が誰もいない店が一番入りにくい。

店頭待機の目的を確認してみよう。店頭待機の理想的な目的は、「お客様の入りやすい店という見た目を作り出し、入店率を上げること」にある。だとしたら、まずは入店率を妨げる**「たくさんのスタッフの手が空いていて、お客様が誰もいない店」だけは、避けなくてはいけない。**

だから、店員の数を間引きして休憩に出したり、ストック整理に入れたりして、店頭にいる店員数を少なくする必要がある。なおかつ、**手が空いている状態をなくす**。すなわち、何らかの作業等をして、仕事中にしなければならない。

ここまできて、ようやくスタート地点に立つ。これが、待機の基本前準備である。

確かに、店頭に一人とかスタッフ人数が少ない場合は、作業との両立を考えるのは大変かもしれない。だが、お客様にとってはおいしい店頭ができあがっているのだ。

一人の店頭を楽しめとまでは言わないが、入店過多のときに「なぜもっといないんだ！」と不満に思わずに、一人だからお客様は入店されるんだと気持ちを落ち着かせる。そして深呼吸して、その対応をしていくことが大切だ。

鬼100則 25

イヤホンを黒ではなく白を買う理由

私は、今も昔も音楽を聞くときのイヤホンは、白色しか買ったことがない。なぜか？それは、イヤホンして音楽を聴いていますよと、周りにアピールできるからだ。黒色のイヤホンだとあまり目立たず、しているのかわからないときがある。

黒いイヤホンで音楽を聴いているときに、知人から声をかけられたとしよう。こちらは音楽を聴いていて気づいてないだけなのだが、相手は「無視した」と考えてしまう。でも、白いイヤホンなら、遠くからでもイヤホンして音楽を聴いていることがアピールできる。だから、私は白色のイヤホン以外は買わない。

大切なのは、相手からどう見られているかという視点。これは、店での待機も同じことが言える。**待機中に自分がどんな風に、通行客や入店を迷っているお客様から見えているのかを意識することはとても大切**である。

お客様は手ぶらで客待ちの待機をしている店員がいる店には、入りたくない。

そんな店員が店の真ん中に立っていたら、即座に入店率は下がる。考えてみても当たり前なこと。お客様に売りたいと手を広げて待っている店員の懐に、飛び込んでいくようなものだ。

だから、**接客の賢者は、待機のときは商品を手にしたり書類を見たりして、とにかく仕事をしている姿を通行客にアピールするのだ。**店の待機の見え方として最も大切なのは、「何をしているか？」ではなく、「何をしているように見えるか？」である。

また、お客様から見える位置で電話をしているときも同じだ。

前述と同じく「誰と電話しているか？」ではなく、「誰と電話しているように見えるか？」が重要なのだ。だから待機を兼ねた電話中は、書類を持ったり、ボールペンを持ったりして電話をする。たとえ上司と仕事の電話をしていたとしても、大声で笑ったりするとお客様には私用電話と勘違いされてしまう。それではアウト。

これが、接客業の「お客様絶対視点」という思考なのだ。

鬼100則 26

お客様の入店心理を知って待機しろ

お客様の入店に関して、確実に言えることがある。それは、「**お客様は、店員を避けるように自然入店してくる**」ということ。お客様は店を見たとき、まず目に入るのが外観であり、メインの陳列である。実は、その次に目がいくのは店員だ。正確には、目がいくというよりは、無意識に探すと言ったたほうがいいかもしれない。そこには、自由に見たいという心理が働いたり、見るだけだと申し訳ないという謙虚な心理が働く。だから、店員がどこに何人くらいいるかを確認するのだ。

24項でも記述しているが、店員が一人のときに限ってお客様が入店するというのも、これで理由がつくと思う。

この心理に基づくと、待機において注意しないといけないのが、**お客様を引き込むメインの通路を絶対に邪魔しない**ということだ。残念なことに、メイン通路にデンと仁王立ちしている店員がたくさんいる。お客様に入店しないでくださいと言っているのも同然であることに気づいていない。

「お客様は、店員を避けるように自然入店してくる」ということに習うのであれば、逆のことをすれば、自然入店を促せることになる。導線を常にあけて、サブ導線やお客様があまり通らない場所で、待機するのがいい。

また、入店されたお客様に待機した店員が近寄っていくと、逃げるように動いていく。店の奥から店員がやってきた場合、お客様はなんとなく出口のほうに押し出されるような心理的な圧迫を覚えてしまうのだ。もちろん、顕著に追い出す形にはならないが、やはり、奥から向かってこられるのは、すごく圧迫感があるものだ。

そこで、**待機中の店員は、出口側から奥にお客様を見てアプローチする**といい。これならば、お客様に外に追い出されるような圧迫を感じさせることもない。

行動の心理に基づいて話したが、あくまで相手があることなので、これがすべてではない。そのときのお客様ケースに即しながら、アレンジして活用して欲しい。

あまり腫れものを扱うようにせず、考えすぎないように待機することだ。

鬼100則 27

冷やかし客は、未来の大切なお客様

先日都内のインポートブランドを揃えた高価格帯の商業施設に、恩師への贈答品を下見するために行った。都内の一等地にあるので土日はそれなりににぎわうのだろうが、平日ということもありガラガラだった。きっとお客様よりも店員の数のほうが多いのではないだろうか。私以外のお客様が歩いていないフロアもある。

実は私、以前からこの高額インポートの施設に対して思っていたことがある。それは、全店的に接客が早く、押しも強いということだ。館内のひどい店なんかは、入った瞬間に店員が瞬間移動してきて（笑）、「どれ買います?」みたいに言われる。当然ながら、ろくに下見もできない感じの悪い施設になっているのだ。「冷やかし客お断り」って書いてませんよね?って、皮肉も言いたくなる私だった。

普通でさえ、昨今は、客足が遠のいている商業施設が多い中で、下見さえろくにできない店。言い方を変えれば、買う覚悟じゃないと入れない店に足が向かなくても当然といえば、当然だ。

「冷やかし」さえもできないから、来店者は減る。来店者が減れば減るほど、接客が早くなり、おすすめが強くなる。そして、この悪循環が続くのだ。

非日常品を売る店ほど接客が早く、売り逃さないような対応をされ、下見を許さないような雰囲気を作り出す。また、ブランドの敷居が高い店ほど普通は入りづらい。

だからこそ、そんな店ほど心の敷居を低くしてほしいのだ。ブランドの変なプライドか、間違った誇りなのか、入りやすくしてくれる店員が少ない。むしろ、逆にすました顔でお客様を品定めするような、作り笑顔の達人店員がずらりと揃う。

何を言いたいか？　**店にとって一番大切なのは、購入客の数以上に来店客の数だ。冷やかし客は、未来の大切な購入予定客である！**　未来の大切な購入客という意識を持って、もっと大切にして欲しい。

鬼100則 28

お客様の入店目線、手にしたものを覚えなさい

よく店で一人で待機している際に、一番奥のカウンターで作業をしている店員がいる。もちろん、離れられない仕事があれば仕方ないが、できれば一人待機は店の中央か前方に近いところで行いたい。

なぜか？　お客様は、何かしらの店内の商品に反応されたから入店される。だからその**反応した商品がだいたい何なのかをチェックし、覚えておく**のだ。お客様は、ショーウィンドウの陳列商品に反応されたのか？　ワゴンの商品に反応されたか？　店内の壁面の商品なのか？　どこに反応して入店されたかによって、お客様への接し方を変えていかねばならない。

もちろん、商品の前でずっと立ち止まっているならば、中から出ていきアプローチすることも考えられるが、たいていはうまくいかない。お客様は常に他に何か商品がないかを探しながら歩き続けるので、店奥にいては見逃してしまう。さらに、一歩も、二歩も出遅

れるので、結果として店内尾行という最悪の形になりかねないのだ。

また、お客様の目線以上に**ファーストタッチされた商品は、チェックをしておかねばならない。**お客様が興味を示されている商品だし、あとで接客がはじまった際も、その商品を覚えておけば、「お客様がチラッと先ほど目を止められていた、この商品ですが……」という展開にも使えるからだ。もちろん、ファーストタッチの商品の購買率は高い。

ただ、お客様を凝視しすぎると、不快な店員という烙印を押されることもあるので、絶対に気をつけることだ。**お客様が不快に思う店員の1位が、「じろじろと見てくる店員」**だということも頭に叩き込んでおかねばならない。

身体の向きはそのままにして、首だけ動かして広角な視野を確保すること。決して正面目線の中央にお客様を持ってこないこと。5秒以上はじっと見ないこと。そして目線を極力合わせないようにして避けること（仕方なく合った場合は、ニコッと軽い微笑にて会釈をする）をポイントとしてあげておく。

お客様をチェックしながら待機する中で、絶対的な基本は作業をしながらの動待機だが、作業に没頭しすぎてしまうスタッフも多いので注意が必要だ。

鬼100則 29

声というBGMで、入店率・在店時間・買上率を上げろ

昨今のファッションビルやショッピングセンターでは、タイムセールがさかんに行われ、女性店員が台の上に乗ってメガホンで商品やら手書きのボードを手に大声を張りあげている光景をよく目にする。

いつも見て思うのは、声の効果ってすごいな、ということ。女性が大きな声を張りあげ「タイムセール開催中でぇ〜っす！」とやると、瞬く間に人だかりができる。

これは、タイムセールという特別なときの光景だが、よくよく繁盛している店を観察してみて欲しい。たいてい、店員の声出しがしっかりしている店の多いことに気づく。

声出しをするとお客様が吸い寄せられてくるのは、**人は人の声に反応し、興味を示すから**だ。つまり、人の声が心理的に好きだということだ。

推測ではあるが、赤ちゃんに子守唄を歌ってあげると落ち着いてすやすやと寝てしまうというのは、幼いながら人の声に安らぎや落ち着きを感じるからだろう。

声の心理効果は専門分野外ではあるが、少なくとも人は声に足を止め、立ち寄るというアクションを起こすのは間違いない事実である。

以前、テレビで「声のある店」と「声のない店」の2つの店の比較検証するという番組を観た。結果を言えば、**入店率・店に長く滞在する滞在率・買上率、すべてにおいて店内に店員の声が響き渡る店のほうが、無声の店よりも数倍高かった。**お客様は店員の声をキャッチして、立ち止まり興味を示し寄ってくる（入店する）のだ。しかも、声というのは基本的に心地の良い響きの音であるため、そこに留まりたいという気持ちも湧き、滞在時間が延びるというわけだ。

また、人の声が人のテンションを上げる効果も、テレビではやっていた。極端な例だが、コンサートや選挙演説などで鼓舞されるとテンションが上がるのは、人の声の効果以外の何物でもない。購買という行為もある種のハイテンション行為でもある。それゆえ、購買率にも何らかの影響を及ぼすものと考えられる。

人の声、それは不思議ながらも入店率を上げ、滞在時間を延ばし、購買も促進する、魔法のＢＧＭといっても過言ではないのだ。

鬼100則 30

お客様不在症候群に感染してないか？

いろんな商業施設に足を運ぶが、平日の昼間はお客様の数よりも店員の数のほうが多いことがよくある。それは、都会、地方問わずである。この状態がずっと続くと、とても危険だ。

お客様がいない売り場が続くと、そこはお客様意識が薄くなり、店員たちが過ごすための心地良い空間に少しずつ少しずつ変化していく。それは、知らぬうちに蝕んでいく店への病原菌のようである。

実は、一番恐ろしい店の病が、これではないかと思う。お客様不在症候群だ。いわば、お客様に対する不感症のこと。

お客様に対する不感症とは、文字通り、店員同士が雑談に興じていたり、お客様の来店があっても「いらっしゃいませ」の一言もなかったり、お客様が商品を試着したいのに作業に没頭していたりというような、お客様を意識しなくなってしまうことを指す。これは、店としてはかなりの末期症状と言える。

また、この不感症は、別な症状を見せるときがある。お客様が入店された際に、過敏で過剰な行動を起こさせるのだ。

例えば、お客様がフロア通路を歩くだけで目が合ったり、入店した瞬間に動きが明らかに変わり接客のスイッチが入ったようになったり、商品を手にするたびに声をかけたり、ななめ後ろにずーっと立って監視したり……。**必要以上の売る気が、普通の店員意識とかけ離れた行動を起こす**。これも、お客様不在症候群の現れだ。

こう考えてみると、お客様不在症候群に感染せずに、お客様と店員との間に正しい関係性を作り維持している店舗がいかに少ないかに気づく。

どのお店も大なり小なり、お客様に対してサービス不感症になっていたり、過剰に反応し嫌悪感を持たれるほどの過敏な対応になっていたりする。

私たちは、定期的にこの病気に感染していないかをチェック必要があるのだ。もし感染していたならば、店を通常の意識に戻すことを定期的にしていかねばならない。

最後にもう一度書くが、店員の気づかないうちに感染しているのだ。

鬼100則 31

最初からべったりいくから、嫌がられる

入店したらすぐに店員が近寄ってきて「何かお探しですか？」と聞かれる。これはお客様に最も心理的に不快を与える店員アクションだ。

人は、はじめての店に入店したら、まずは店を知りたいという認知心理が働く。どのような商品が置いてあるか？　どんな構造か？　どんな店員がいるのか？　当然、それをまず知りたいのだ。

なのに、いきなりその邪魔をされたらいかがか？　当然、不快感を覚えて当然だ。ましてや**「何かお探しですか？」はＮＧ中のＮＧだ**。そのお探しをこれからを探したいのだから。

これだけ書いただけで、ブティックや高級品のショップにおいて、いかにやってはいけないことが普通に行われているか、わかってもらえると思う。

では、どうしたらいいか？

お客様が入店されてから30秒ほどは、先ほどの認知心理が働いてる時間なので、アプロー

チは厳禁だ。それ以降に、一度ご挨拶アプローチをする。お客様の現在における心情を探る、いわゆるリサーチアプローチと言ってもいいだろう。

もしそのときお客様が店員を必要とされれば、接客は生まれる。特にリアクションがなかったら、そのままでいい。

通常待機に戻り、お客様の滞在時間を長く持ってもらえるように留意しながらも、目線が合えば接客にいく。でなければ、他のお客様の入店を待ちながら、簡単な作業をしながら見守り、いつでも接客できる体制で待機するのだ。

ポイントは、最初の声かけからべったりと接していかないことだ。**最初はあくまでご挨拶としてとらえてもらえるような「ご来店ありがとうございます」といった、簡単なもの**でいい。ここで、相手の反応おかまいなしに、ガツンと接客を生もうとするから、お客様は不快極まりなくなるのだ。お客様のアクションを無視した強制接客だけは絶対にしてはいけない。

もし、お客様がそのまま出て行かれたらどうするか？　そのままでいい。

店員ならば、お客様を尊重して、かつお客様を売上としてだけ見るのではなく、あくまでアドバイザーとしての役割で声かけするべきだと思う。

鬼100則 32

「断る」がなければ、買い物はすごく楽しい

「ネットで購入するお客様が多いからか、お客様の店離れや接客離れをすごく感じるんです。この先どうなっちゃうんですかね？」

このような不安からくる質問を、最近受けることが多くなった。

世の中が、やれZOZOTOWNだ！ メルカリだ！ と、話題の提供がEC（ネット売買）関連の企業が多いと、余計にそんな感覚になってしまうのもわからなくはない。でも私は、**消費者の店離れ・接客離れ・コミュニケーション嫌いと言われるが、決してお店自体は嫌いじゃない**と思うのだ。

確かに、コミュニケーションのツールは、直接の会話や電話から、LINEなどのSNSに代わっているのかもしれないが、みんなお店は大好きだし、実は会話だって大好きだ。ましてや洋服選びなんて、ワイワイと他人の意見を聞きながらも、最終的に着て判断したほうが納得いくし、楽しいに決まっている。

じゃあ、店頭で販売を受けるときに、何が嫌なのか？　それは、きっと「断る」というコミュニケーションが嫌なのだと思う。要は、悩んでもいない商品をいつのまにかすすめられ、「それ、買いたくない」と断るのがストレスなのだ。

最近は、ちょっと「かわいい」とか「いいかも」のようなことを言うと、すぐにすすめてくる店員が増えてきた。売上が目標にいかなくなると、余計にその傾向は強くなる。**欲しくなっているわけでもなく、悩んでいるわけでもない、「ちょっといいかも」の状態ですすめられると、「断る」というバッドコミュニケーションをしないといけない。**そこが嫌なのだ。だから、楽しくない。

ＥＣって、褒めたり、アドバイスは確かにないけど、逆に「断る」という、ストレスもない。ここを、店員は考えて欲しい。

すすめるのが悪いわけではない。ただ、空気を読まずに何でもかんでもすすめたり、お客様が黙って聞いているから気に入っているんだと勘違いしたりして、お客様が不快感を持ってしまう。そこが問題なのだ。

ちゃんとお客様と会話して、ニーズや好み・予算を把握した上で、お客様の気に入る商品をご提案する。この当たり前のことを見直すいい機会にきている。

鬼100則 33

アプローチに、失敗はない

私が店員から一番多く受ける相談はアプローチについて。新人からベテランまで、全店員が避けて通れないのがアプローチである。アプローチだけは、それこそタイミングがあるから、一定のマニュアルで標準化することは不可能に等しい。だから……悩む。

先日も、「柴田さん、どうもアプローチがうまくいかないんです。何かコツありますか？」という質問を受けたのだが、この相談者には次のように即答した。

私「そもそも、アプローチに成功、失敗ってありますか」

相談者「無視されたり、反応悪かったら、失敗じゃないですか？」

私「それは、失敗じゃなくて、目的達成ですよ（笑）」と。

ちょっとビックリした顔をされてしまったが、真剣に答えたつもりだ。

たいていの方は、「販売のはじまりは、アプローチ」と考えていると思う。これは考え方なので、間違いでもなければ、正解でもない。でも、私は経験上こう考える。**「アプロー**

チは、接客の最初じゃなく待機の終わり」だと。アプローチの目的は、会話のきっかけ作りを成功させることではなく、お客様の、「今!!」の心情を確認し、知ることだ。だから、お客様に無視されようが、反応が悪かろうが、失敗じゃない。失敗なんてないのだ。

もし、お客様に無視されたら、こう考えたらいい。今のアプローチによって、「お客様は、今、店員に話しかけられたくない、という状態にあることがわかった」と。これができたことで、アプローチはほぼ成功である。

アプローチとは、あくまでお客様の今を知る確認行為。無反応だったり、無視されたり、話してもらえなかったら、そっとしておけばいいだけ。我々にそれ以外の何ができる？

正直、話したくないお客様にどんなに感じの良いアプローチをしたって、結果は変わらない。だから、発想を変えていくのだ。**「アプローチは、お客様への確認行為」**。うまくいったからといって成功ではないし、うまくいかなかったから失敗ではないのだ。

無反応ならば、そっとその場を離れて、お客様がその気になるまでアクションを待てばいい。話してもらえるなら、どんどん会話をしていけばいい。それだけだ。

だからアプローチは接客のはじまりではなく、待機の終わりの行為だと思って気楽にする。そのほうが、お客様も嬉しいはずだ。

多彩なアプローチがあってもいい

私論ではあるが、アプローチはご挨拶の意味も込めているから、基本的には自由でいいと思う。確かに一番多いのは、商品からのアプローチだが、お客様によって、またそのときどきの場面によって、フレキシブルに変更してもいいと思う。

そこで、使える多彩なアプローチの例を紹介する。

●通常（商品）アプローチ

お客様が商品に反応して、立ち止まったり、触ったり、何らかアクションを起こした際に、商品をきっかけに話しかけるアプローチ。「素敵でしょ」や、「よろしければサイズお探しします」といった一番多いアプローチ法。

●天候アプローチ

文字通り、酷暑、猛暑が続いたり、大雪や大雨、台風などの天候の話題を繰り出して、話しかけてみる。アパレルなんかは気温商売でもあるので、外の気温に対して共通の話題になることも多く、とても有効であると思う。

●持ち物アプローチ

お客様のバッグなどの持ち物を褒めて話すきっかけを作る。ブランドのバッグや手作りのセンスが光るもの、自分の店のバッグや靴などを身につけていれば、よりいっそう盛り上がる話題になる。もちろん、「似合っていらっしゃいますね」という言葉は必須だ。

●お子様アプローチ

ベビーカーを引いたお客様であれば、赤ちゃんを見て話題を振る。よく見受ける光景だが、我が子を褒められて嬉しくない親はいない。また、赤ちゃんのみならず、お子さんを話題に盛り上がることは多い。

●他店ショッパーアプローチ

他店のショッパー（買い物袋）を持ったお客様に、さりげなく「○○にお買い物で来られたんですか？」と聞いてみるのは、相手が話しやすくなるアプローチと言える。買った中身を探るような言い回しになると失礼になるので、あくまでサラッと声かけしたい。

鬼100則 35

相手が答えにくい質問だから反応が悪い

接客の第一声で、「何かお探しですか？」と、聞く店員が非常に多い。

ここでよくお客様の立場で考えてみて欲しい。いきなりそう聞かれて、第一声で「はい。白いワンピースが欲しいなと思っているんですが」なんて答えると思うだろうか？**よほどの切羽詰まった買い物でない限り、私は店員に最初から手放しに相談するお客様はいない**と思う。そもそもが答えにくい質問からはじまっているのだ。それなのに「お客様の反応が悪い」というのは、店員側の勝手な筋違いである。

店員がお客様とコミュニケーションをとる際に守るべき絶対的な原則がある。それは、**「お客様が答えやすい質問をする」**ということだ。だいたいが店員とのコミュニケーションに難色を示すお客様が多いのに、答えにくい質問をされれば余計に面倒くさくなり立ち去られても当然だ。

別の例だが、久々に会った仲間に「久しぶり。最近、調子はどう？」なんて、よくある光景だが、「調子はどう？」と聞かれても、何に対する調子を聞かれているのか？　それに対して、どう答えていいのか？　よくわからない。

お客様に対する質問は、**相手がＹＥＳ・ＮＯで答えられる質問に変える**ことをおすすめする。すると相手はわざわざ話すことを考えなくて済むので、明確に答えやすくなり、会話へとつながるのだ。

例えば、「お客様は、これからどちらに行かれるのですか？」と聞くと、お客様は、ＹＥＳ・ＮＯで答えることができない。「えーっと……」となるのだ。「この時間ですから、これからご自宅にお戻りになられるのですか？」と聞けば、お客様はＹＥＳ・ＮＯで答えられる。「いいえ。ちょっと、書店に寄ってから帰ろうかと」、もしくは「はい。家に子供が待っているもので」といった具合だ。最初の「はい」「いいえ」で、すでに会話は成立していることになるので、非常に答えやすいのだ。

だから、ワンピースを見ているお客様に「何かお探しですか？」ではなく、「こんなタイプのワンピースをお探しでしたか？」に変える。これなら、ＹＥＳ・ＮＯで答えられて、お客様への負担も減る。

これは、接客以外の日常でも使えるコミュニケーションスキルだ。

鬼100則 36

お客様の知りたい情報を伝えなさい

アプローチがうまくいかない例として、他の項目でも述べたが「見たまんま」を話すというのが最も顕著だと思う。よくよく考えてみれば、当たり前だ。目の前に、花柄のワンピースがあるのに、「そちら、花柄のワンピースですね」なんて言われても、「そんな会話必要ないっ！」となるのが関の山。

うまくいかない理由のひとつには、こんな風に「お客様にとっては、どうでもいい情報でアプローチしている」場合が多々あるのだ。アプローチの基本は、「とにかく声をかけてみる」ではない。**お客様の欲しい情報を提供する**ことにあるのだ。

具体的にはどういうことか？　アパレルでたとえるならばこういうことだ。

●値札を見て立ち止まっているお客様がいた場合

もちろんお客様は値札の情報が欲しいのだから、その値札の情報を話題にして、アプローチすることが必須となる。

値札には、サイズ・値段・素材情報が入っているが、サイズから入るといい。

●素材を触っているお客様の場合

商品の前で、指で素材感を確かめる仕草をしているお客様がいる。そんなお客様は、手触り、すなわち着心地を確かめているので、生地の素材情報からアプローチする。

●たたんである商品を広げているお客様の場合

たたんである商品を広げられているお客様が知りたい情報は、ディテール（商品の形）だ。例えば半袖か、長袖か、七分袖か、袖の長さがわからない。また、身丈がわからない。身幅がわからないなどである。

以上のように、**アプローチのやり方は、お客様が教えてくれている**のだ。

アプローチもお客様のためにならなければ、そりゃ、無視されて当然だろう。もう一度、お客様を見て、お客様のためのアプローチに徹しよう。

鬼100則 37

接客にも値段がある。あなたの接客はいくら？

先日、久しぶりに某有名セレクトショップに行った。セレクトショップはブランドショップと違い、いろんなブランドの服が一堂に見られるから、客としては楽しい。だが店員側にしたら、いろんな価格帯、いろんなブランドの商品が並ぶ分、その店員の接客技量が問われる難しさもある。わかりやすく言えば、8千円のジャケットの隣にいきなり5万円のジャケットがかかっていたりするのだ。

先日、私が見ていたのも、まさに5万円のジャケット。見ていると案の定、若い男性店員が近づいてきて、「カッコよくないっすか？　着てみます？」と、実に軽いしゃべり方で声をかけてきた（汗）。

私が、そのまま反応しないでいると、私の隣で5千円のセールジャケットを見ているお客にも同じようにアプローチをした。「カッコよくないっすか？　着てみます？」。5万円のジャケットも、5千円のセールジャケットも、同じアプローチ。同じ話し方。同じ接客。

私はこう考える。「**接客にも値段がある**」と。**5万円の商品には、5万円の品を扱う店員の言葉や表情、話し方があり、5千円の商品にはその単価にあった店員の言葉や表現、話し方ある。**

私は20代で呉服販売をしたあとに独立し、レディスショップを開いた。そこで接客したとき、まったく相手にしてもらえなかった。なぜか？　50万円の商品を売ってきた私の接客は、2万円の商品には重かった。丁寧すぎたのだ。軽く返事ができない重さがあり、声をかけても接客が生まれなかった。このセレクトショップの店員と逆なのだ。

話を戻そう。誤解を恐れずに書けば、彼の接客単価は5千円がいいところだ。それ以上の単価の服を見ている客の懐に飛び込むには、接客スタイルを変えたほうがいい。接客単価（私の造語）を上げたほうがいい。

接客単価を上げるとは、具体的には間を持って話すこと、地声は使わないこと、敬語を使いこなすこと、落ち着いた印象を与えることなど。当然、カジュアルな店の接客単価は下がるし、フレンドリーな印象を持たせないといけない。スーツなどのラグジュアリー商品は接客単価を上げて、相手にふさわしい風格ある接客が必要だ。接客にも値段があり単価がある。それを使い分けてこそ、プロの店員と言える。

鬼100則 38

お客様を選べ

私は30歳で独立し、レディスショップを開店したが、3年後にはメンズショップも開店させた。その自身初となる自社のメンズショップを出店したときのこと。

オープニングスタッフを募集したが、なかなかいいスタッフが集まらなかった。そこで、毎日私は事務所を抜け出して、できるだけ店頭で販売することにした。当然、他のスタッフと同じく個人売上を持ち、メンズのスタッフたちと楽しく競いあった。

そのときの個人売上の結果はというと、店頭にいる時間がいちばん短い私が、毎月ダントツのトップになった。だから当時の店長候補の男性が、日曜の朝礼でこうつぶやいた。

「社長には敵わないっすわ。一番店にいない社長がトップって、なんでですか?」と。

私は「俺、お客様を選んでるからね」と、照れ笑いしたのを覚えている。

その男性スタッフともう一人の男性スタッフは、目を白黒させていた。

この発言、なまじ嘘ではないのだ。

店頭時間に立つのは短いけれど、売上は作りたい。だから、私を必要とするお客様を探す（言い方を変えれば「客を選ぶ」になる）。私の**お手伝いを必要としているお客様は、その仕草でだいたいわかる。**

急ぎ足な人、目がキョロキョロしている人、ジッと洋服を見ている人、一度出ていってもう一回帰ってきた人、商品を手に取った人、値札を手にして見ている人、1分以上店に滞在している人……。

ザッと声をかけてもいいという信号を送っている人を並べただけでも、瞬間的にこれだけ思いつく。もちろん、すべてのお客様がそうとは言わない。

だけど**アプローチって、所詮は確率の問題**である。イチローが10割打てなかったのと同じで、10割の絶対的なアプローチは存在しない。

客を選ぶとは書いたが、正確には望んでいるお客様を見分けているのだ。お客様をよく見ていたらわかる。あなたを必要としているお客様が誰なのかを。

第3章

Good impression
～好印象の鬼～

笑顔は1ドルの元手もいらないが、100万ドルの価値を生み出す。

デール・カーネギー

美しい唇であるためには、美しい言葉を使いなさい。
美しい瞳であるためには、他人の美点を探しなさい。

オードリー・ヘップバーン

鬼100則 39

トイレを聞かれる店員になれ

私は、接客セミナーを開催すると、必ず受講者の中からこれって人をその場でいきなり当てて、質問したり、意見を聞いたり、ときには一緒にロープレをしてみたりする。

その「これって人」の条件は、実に単純明快。一瞬見たときに、話しかけやすそうな人だ。ここに面白い裏話がある。実は講演終了後に私は必ず、当てた受講者の元に出向き、「今日はありがとうございました。ごめんね。いきなり当てて、びっくりしたでしょ」と、謝罪する。

するとたいてい返ってくるのが、「はい。びっくりしました。実は私、いつもトイレの場所を聞かれるんです。とにかく話しかけやすいみたいで。だから今日もひょっとして、と思っていたんです」といった回答だ。

そのあと、先方のセミナー担当者と話していると、こう言われることが多い。「講演の際、質問に答えていたスタッフですが、店でトップの売上なんですよ。さすが柴田先生は、見る目ありますね」と。

売ってそうな店員を探して当てたわけではないのだから、「話しかけやすい店員は、売る店員」ということになる。つまり、お客様も話しかけやすい店員を選んでいるのだ。

これは、トイレの場所を聞くときだけではない。商品を見ていて、店員が必要になったとき、**お客様は一瞬で話しかけやすそうな店員を探し、判断し、聞きに行く。**当然ながら、そんな安心感があり、話しかけやすい店員は他の店員に比べて、接客回数は増え、意思疎通ができ、売上は上がっていく。

お客様はわがままなもので、嫌な店員から話しかけられたらソッポを向くが、安心感のある店員から声をかけられると対応する。

では、どうしたら話しかけやすく感じさせられるのか？　ここで間違わないで欲しいのは、決して顔立ちの問題ではないということ。怖そうな顔立ちとか、さみしそうな顔立ちとかは、まったく関係ない。大切なのは表情だ。難しいことはない。大きな笑顔なんて必要ない。**少し目元と口元に微笑を加えるだけで、印象はグッと変わる。**

もし、あなたに「お客様のお役に立ちたい」という気持ちがあって、店に立っているならば、毎日それを続けて習慣化するべきだ。お客様から、声がかかるまで！

お客様は、あなたを通して商品を見る

ご存じな方も多いと思うが、日本を代表するかばんメーカーの「吉田カバン」の大人気ブランドに「ポーター」がある。たいていの人気がある物には手を出してみる私だが、実はこれだけは持ったことがない。

実は、昔、大ゲンカした大嫌いな先輩が大好きだったかばんだから。あのマークを見るとつい思い出して、なんか選ぶ気になれないのだ。人って、つくづく単純だと思う。もちろん、ポーターのかばんには、まったく責任はない。

何を言いたいか？　物を見たとき、人はその先にどうしても誰かを連想するということだ。

例えば、恋人からもらった時計をつけて嬉しいのは、時計を見て、実は恋人を見ているからだ。逆に別れたら外すのも同じ理由だ。思い出したくないから。

とすれば、人は人を通して物を見ているとも言えるし、物を通して人を見ているとも言える。物の印象って言うが、実は**「物の印象＝人の印象」**なのだ。

これを踏まえると、感じがいい店員がなぜ売れるのかがわかる。**感じのいい人が説明し、褒めたたえた商品は、当然知らず知らずのうちに、感じがいい商品に見えてくる**のだ。

逆もしかり。冒頭の私の嫌いな先輩の話ではないが、不快な店員がどれだけ褒めても、どれだけ商品価値を語っても、商品がブラッシュアップされない。

テレビＣＭに好感度の高いタレントが起用されるのも、そのタレントの印象がすぐに物の印象になるからだ。逆もしかり。ＣＭタレントがスキャンダルを起こしイメージが下がると、商品に悪いイメージをリンクさせてしまう可能性がある。だから降板させられるのも、当然なのだ。

好感度の高い店員が説明する商品は、言葉や印象で磨かれ、価値が上がり、その結果として売れ続ける。要は**店員次第で、商品は良くも悪くもなる。**

商品説明がうまくなる以上に自分を磨き、あなたの印象を上げることが大切だ。印象を上げ、好感度になる努力のことを、自分磨きというのだ。

鬼100則 41

相手を確実に喜ばせる、たったひとつのこと

「相手の懐に飛び込むとは、相手の望む自分になることである」

私は長くこう考えて接客業に従事し、しかも結果が出せた。やはり相手のニーズに応え、喜んでもらうことが大事だ。

言葉で書くともっともらしく簡単にできそうだが、そう簡単にできれば悩まない。当然、相手を喜ばせるどころか、なかなか相手との心の距離を縮められないで困っている人は多い。皆さんも、お客様はもちろん、クライアント、社内の人間関係、広くは友人・知人、身近な家族まで、どう喜ばせたらいいのかと悩んだことはないだろうか?

私は、昔から人間関係はできるだけシンプルに考えようと留意している。相手が喜ぶ接し方をシンプルに考えていくと、そんなに難しくはないと思う。**相手をよく見て、相手がしていることと同じことをしてあげる**だけでいいと思うのだ。

・他人を褒める人は、自分も褒めて欲しい人

・挨拶の元気な人は、元気に挨拶して欲しい人
・時間通りに来る人は、時間通りに来て欲しい人
・笑って話す人は、笑って話して欲しい人
・せっかちな人は、テキパキこなして欲しい人
・テンポよく話す人は、テンポよくことを進めて欲しい人
・すぐ仕事をする人は、すぐ仕事をして欲しい人
・締切厳守で仕事をする人は、締切厳守の仕事を求める人

その人がこだわることとは、相手にも同じところを見て、相手にも求めているのだ。私は、時計が好きだが、以前に時計の専門雑誌の「コラム」でこんな一文を読んだことがある。「時計が好きな人は、必ず相手の時計をさりげなく見る。時計が好きなクライアントとの商談は、知人に借りてでも語れそうな時計をしていけ」と。やはり、**人間は誰しも自分のこだわり部分について相手はどうしているか気になるし、自分のこだわりが相手のこだわりと同じだと嬉しい。**そして、言い知れぬ親近感がわくものだ。相手を喜ばすなら、まず、相手がしていることに目を向けるのだ。必ず、相手のプライオリティナンバーワンが見える。そして、そここそが相手が望むツボなのだ。

鬼100則 42

店員には時間がない。1分で伝わるいい人になれ

私がよく行くドラッグストアに、強面で口数の少ない男性店員がいる。場所がドラッグストアだけに、店員に聞きたいことが多い。しかし、最初はこの男性にすごく声がかけづらかったのを覚えている。そして、この人、どうして接客業に就いたのかなと疑問に思った。だが、何度かドラッグストアに行き、この男性に薬品の効能の違いなどを聞くうちに、少しずつ笑顔が見えるようになり、結構いい人であることがわかってきた。と同時にそう思えば思うほど、この人の「いい人」って、やっぱり接客業向きの「いい人」ではなく、損をしていると思うのだ。

皆さんも、知人の中に一人はいるのではないかと思う。最初は「なんか無愛想だな」と思ったけれど、何度も会うとシャイなだけで実はいい人。しかし、実際、接客業において求められている「いい人」って、この「いい人」ではない。

なぜか？　私たち、**接客業においては、「一期一会」の精神で接することが大切**だからだ。

ゆえに、何度も会えばわかってくる「いい人さ」よりも、1分で伝わる「いい人」のほうが店員には必要なのだ。

お客様と店員というのは、何度も会うことや話すことが約束された間柄ではない。冒頭のドラッグストアの男性店員のように、たまたま何度か話す機会があれば別だが、通常はそんなことはない。もし第一印象で悪いレッテルを貼られたら、それを挽回する時間はないのだ。

誤解のないように読んで欲しいのだが、極端な話、**「いい人」であることよりも「いい人そうな人」**であることが求められている。

社会生活の中では、圧倒的に第一印象がその後の人間関係に大きく影響を及ぼしている。だから**第一印象を磨くというのは、社会生活においてもとても大切なスキルを手に入れることになる。**

まずは、1分で伝わる「いい人さ」を身につけよう。接客という世界で、私たちがお客様からいただける時間は、極端に少ない場面であることをいつも念頭において店に立って欲しい。

鬼100則 43

好印象の決め手は、顔立ちではなく表情

「笑顔に勝る化粧なし」という言葉を聞いたことがあると思う。私の好きな言葉だ。もちろん、化粧をしないことを推奨している言葉ではない。笑顔がいかに素晴らしいかを伝える言葉である。違う言い方をすれば、よく念入りに化粧をしている割には、笑顔がなくぶっきらぼうな表情の女性を皮肉くる使い方でもある。

特にアパレルで働く女性は、身だしなみや化粧にはすごく気を使う。だが、そこばかりが重視され、肝心な笑顔といった表情まで気を使えない方をたくさん見てきた。その度に私は、「もったいないな」と思った。せっかく、きれいな顔立ちをご両親からもらっているのに、まったく笑顔がなく、近寄りがたくしているのだ。

売上の上位にランクされるスタッフには必ず共通点がある。それは、表情が多彩で豊かである、という点だ。彼女らは、笑顔でずーっと話すわけではない。お客様におすすめするときは真剣な眼差しをし、お客様の話を聞くときは真剣な表情で聞き、笑うときは大声

で笑い、悩みをお聞きするときは少し眉間にシワをよせてお聞きする。いわゆる、多彩な表情を使い分けているのだ。

その**魅力は、優しい笑顔と真剣な表情、その鮮明なコントラストにある。**この２つの表情のコントラストがより人を惹きつけるのだ。

逆に言えば、常に同じ表情の人が魅力的に映らないのは表情にコントラストがないからだ。

接客は常に笑顔を振りまけ、みたいに言うコンサルタントもいるが、私は懐疑的だ。**大切なのは、常に笑顔でいることじゃなくて笑顔を引き立たせることだ**と思う。

強面な人が笑うとかわいいとなったり、いつも笑顔の人が真剣な表情を織り交ぜると魅力が増したりする。

常に笑顔でいる店員は、笑顔の安売りとも言える。せっかくの笑顔ならば、笑顔価値を上げ、高く売れた方がいい（笑）。

価値アップとは、コントラストを鮮明にすることで浮かび上がる対比効果なのだ。だから、好印象に必要なのは真剣な表情との対比だ。

鬼100則 44

それは、お客様が決めること

世の中には、たとえ自分の言動においても、自分が判断できることと他人が判断することがある。

わかりやすく言えば、セクハラ、パワハラなんていうのはいい例だ。セクハラ疑惑がある政治家が、「私はセクハラをしていない」と突っぱねているニュースを見るが、セクハラは相手が判断することだ。「セクハラを受けました」と相手が感じたらセクハラと決まる。訴えられたほうが、「あれはセクハラじゃない」なんて判断し、主張しても通らない。

私は新人教育のセミナーでいつも伝えているのだが、店員の笑顔や元気なんかはお客様が決めることなのだ。

「私は笑顔に自信があります」という求職者によく出会ったが、厳密に言えば、笑顔かどうかは自分が判断するものではない。お客様が笑顔だと判断してくれなければ、単なる顔のシワ（笑）なのだ。

元気もそうだ。厳密に言えば「私は、元気だけが取り柄です」なんて言葉もよく聞くが、「私、元気な人間なんです」なんて、自分で判断することではない。正式には「私、元気な人間って、よく言われます」が、正しい表現になる。

では、ここで、接客業に就いたなら、まず最初に意識改革しないといけない原則を伝えたい。それは、**お客様が感じたことこそが、あなたの絶対評価になる**ということだ。これをお客様絶対思考と呼ぶ。

だから、我々は自分で元気な店員であるという自負を持つのではなくて、ちゃんと元気であるという好感度を与えているのだろうかと、**お客様視点を意識して思考していかねばならない**のだ。

私はこのことを新入教育セミナーで絶対に伝えるのだが、その理由はこの思考そのものが、接客業の本質そのものだからだ。学生との違いは当たり前ながら、事務職や他業種との決定的な違いでもある。

常に相手から見て自分はどのように映っているのか？　そこを意識することによって、磨かれる自分がいることをまずは知ってほしい。接客業に携わっているのなら、お客様絶対思考を身につけて、自分を磨いていかなければならない。

鬼100則 45

目線の印象は信頼を作る

感じの良くない店員というと、話がうまくないとか、お客様の立場に立てていないとか、対応に対する未熟さを指すことが多いのだが、私はもっと基本的な点からはじまっていると思う。

販売や接客という仕事は、ほとんどの方が口（話し方）が大切と思わているかもしれない。しかし、「目は口ほどにものを言う」という言葉通り、**目は口以上に、相手に印象を残すのだ。**

「目を合わせる」という行為は単純なことに思えるが、実際は目が泳いでいる方、目線が固定できない方、伏し目がちな方などが、本当にたくさんいる。そんな店員は知らないうちに、自信がなく集中していない印象をお客様に与えているのだ。目線で信頼を得られない。これは本当に致命的であるから、修正したい。

目線というのは無意識に決めているので、あえて意識し、日々の習慣としていけば必ず修正できる。

私が新卒で呉服チェーンに入社したときに言われたのが、「目線で信頼を得る」ということだ。その方法として**「お客様の眉間を見ろ」**と教えられたのを今でも覚えている。相手の目も動くので、不思議と相手の目をずっと見ていられない人が多い。だから、目ではなくて、眉間を見るのだ。いわゆる、目と目の間を見ればいい。それなら、できない人はあまりいないと思う。

また、日々行えるトレーニングも紹介したい。「やまと」で実際に行っていた目線トレーニングだ。**目の前に他人に対面で座ってもらい**（家族は最も近い関係なので、やめておく）、**相手の目を3分間ずっと見続ける。**そのうち落ち着きがなくなり、体がムズムズしてくるのを感じるが、このムズムズが必要なのだ。幾度も繰り返すうちに、ムズムズがなくなってくる。これで、相手の目をしっかりと見て会話ができるようになっていくのだ。

これは、相手の目を見るという行為を、心理的な部分から修正していく訓練になるので、かなり効果大といってもいいと思う。たいてい、目線が合わない人は、どこかで心理的な対人苦手意識が働いている場合が多い。笑顔もいいが、それ以前に目線をきちんと整えることこそが、あなたの印象度をグッと上げてくれるのだ。

鬼100則 46

語尾があなたの印象を決めている！

接客業に就いたとき、一番教え込まれるのが言葉遣いだと思う。極論を言えば、お客様に好印象を残すのも言葉遣いだし、苦情を招くのも言葉遣いだ。

私は、言葉遣いの印象を決めるのは、「会話の語尾」だと思っている。

話は変わるが、私はあのギャルの聖地と呼ばれ、渋谷のシンボルでもあるSHIBUYA109で3回講演をさせていただいた。当時、ギャル語を使った舌っ足らずなトークが特徴的で、それも愛される一因だったが、一部の風俗評論家からは「頭の悪そうな話し方」と酷評を浴びせられていた。

が、実際に直接話してみると、彼女らはとても真面目だし、純粋に感じたままのことを話していた。ただ、なぜそんな印象を与えてしまうかというと、彼女らの会話の語尾が「でぇ〜」「だし〜」と言い切らずに、会話がだらだらと続くような印象を与えていたからだ。

同じことを言っていても、偉そうな印象を与える人、冷たい印象を与える人、優しい印

象を与える人、さまざまな印象の違いが出るが、ほとんどの場合、語尾が影響している。

具体的に語尾の違いから起こる印象の違いを表現してみよう。「似合いますよね」という言葉を例にとる。語尾を変えるだけで、こんなにも相手に与える印象が違ってくるのだ。

似合いますよね／似合います／似合うと思います／似合いますよ～／似合ってます／似合う気がします／似合うのではないでしょうか／似合うでしょ／似合うよ／似合うって／似合う

どうだろう。丁寧な印象から雑な印象まで、たった語尾の2～5文字を変えるだけでグッと違いが出る。言い切る断定的な語尾・あいまいな印象を与える語尾・相手に気づかう語尾・ぶっきらぼうな印象の語尾・信頼できる語尾・相手に思いやりを感じる語尾……。印象の違いは語尾にあるものだ。

また、**会話における語尾は、その人の知らないうちの話し癖**とも言える。話す内容ばかりに気をとられ、会話の癖でもある語尾に注力している方は少ない。今一度、自分の語尾を見直し、意識してみることが大切だ。それだけで、あなたの印象はガラリと変わる。

鬼100則 47

本当は最も怖い敬語の対応

役所の一部の方ではあるが、対応が悪いと酷評されることがあるのは、読者の皆さんもご存じのことと思う。先日、市役所に印鑑証明書を取りに行ったのだが、ご多分に漏れず残念な対応だった。

役所の方「ご要件は何ですか?」

私「あの、印鑑証明書をいただきたいのですが」

役所の方「印鑑証明ですね。ところで、登録証かカードは持っていらっしゃいますか?」

文章ではわかりづらいかもしれないが、やっつけ仕事的な乱雑な言い方に聞こえた。

私「はい。これです」

役所の方「これ、期限切れてますよ」

さらに無表情でたんたんと言われてしまった。期限切れを持って行った私が悪いのだが、なんとなく感じが悪い。

役所をはじめとする公共機関の方の対応が酷評されるのは、言い方はもちろんなのだが、私は敬語の特性も大きいと思っている。

敬語って文字通り、相手を敬って話す言葉のことを指すが、敬う相手への言葉とは自分から遠い相手に話すよそ行きな言葉だ。

百貨店の研修では敬語をただ暗唱する場合が多く、個別での言い方、その表情や声の高低までは手が回っていない。私がセミナーで教えるときは、敬語は品位があり美しく一番大切な言葉であるということを伝ているが、同時に敬語は下手に使うとお客様に冷たい印象を与えてしまうことも伝えている。

敬語とは諸刃の剣である。礼儀さを生み、初対面の好感度を上げてくれるが、**言い方次第では冷淡でドライな印象を生み、好感度を下げる。**

敬語を話せれば、接客は大丈夫ということではない。敬語だから苦情にはならないかもしれないが、感じが悪い印象を与えていることも多々あるのだ。

敬語を使うなら、表情豊かにし、抑揚をつけて、テンションを高めにして笑顔で感じよく話す。それで、やっと敬語を使うべき効果が現れてくるのだ。敬語での接客対応こそ、一考すべきなのだ。

印象を上げたければ腕時計を外しなさい

私は商談や接客のときに心がけていることがある。それは、腕時計を外すということだ。

これは20代の販売員時代からしていることで、きっかけは私が当時憧れていた先輩が、出勤すると腕時計を外してから店に出て行く姿を見たことだった。

「○○さん。出勤されると、なぜ腕時計を外されるんですか？　仕事のときこそ腕時計が必要なんじゃないですか？」

と質問すると先輩は、

「腕時計してると、どうしても時間を確認するから外すんだ。見ないようにするためにね」

と言って、こう続けた。

「我々は接客業だろ。お客様と時間を共有させていただくのが仕事だ。腕時計で時間を確認するって行為、相手はどう感じる？　少なくともいい気持ちはしないもんだろ？」

確かに、販売中や商談中に相手がチラッと腕時計を確認したら、「ごめんなさい。お邪魔しちゃって」となる。そして、さらにこう話した。

「そして、もうひとつ大切なこと。それは、こちらが腕時計で時間を確認すると、お客様も時間を気にされはじめるってことだ。接客というのは、いっときでもお客様に現実から離れ、ある意味、夢を見てもらうようなもの。時間を気にして商品を選ぶものではないから、できるだけ時間を忘れてもらえるような接客を心がけているんだ」

何気ないことだが、そこまで徹している先輩の言葉にはとても説得力があり、それ以来私は**大切な相手のときほど、腕時計を外す**ようにしている。

人は人と接するとき、互いに互いの時間を共有している。これはとても尊いことだ。しかも**会って話すという何よりも大切なご縁と機会を共有している**のだ。ゆえに、どんな理由があろうとも、相手に無駄な気を使わせてしまってはならない。

相手との時間を大切にしているということこそが、あなたの印象を上げ、誠意として伝わっていくものなのだ。一事が万事、時計を気にする仕草はやめよう。

つまらなそうな表情や仕草、早く終わらせたいような言動は、**知らないうちにあなたの印象度を下げていく。**一番、気をつけたいのは、知らないうち……。今一度、お客様視点で自分を見つめ直してみることをすすめる。

3つの「褒める極意」を押さえろ

販売セミナーのあとの質疑応答で、「相手の褒めるところが見つからない。どうしたらいいですか?」という質問をよく受ける。そんなとき私は必ずこう言う。「褒めるところのない人なんて、誰一人もいない」と。

●視点の変換で褒める

ひとつの事象には、表裏、いわゆるプラス面とマイナス面の両方からとらえることができるが、プラスを見る視点が大切だ。無口な男性がいるとしよう。ひとつの側面だけでとらえるとすると「無口で、面白くない人」とマイナスな面になってしまうかもしれない。これをもうひとつのプラスの面からとらえると、「余計なことを言わない、落ち着いた人」となる。

●内面を褒める!

外見より、内面的な部分を褒められたほうが嬉しいものだ。私の元会社はアパレル専門店だったので、どうしても外見的なものを褒めてしまいがちだ。しかし、褒めるときに指導しているのが、「外見を通じて、内面を褒めなさい」というものだ。

例えば「素敵なハンドバッグをお持ちですよね」とハンドバッグを褒めながらも「このバッグを選ばれるお客様のセンスがすごく素敵です」と、ハンドバッグから、お客様自身を褒めることにスライドさせる。実際、バッグがいいのは、それをチョイスしたお客様が素晴らしいのだから。

●コンプレックスこそ褒める

人は誰でもコンプレックスがある。あえてそのコンプレックスこそ、褒めるべきだと思う。たとえるならば、こんな感じ。

「私、ホント身長が低いのがコンプレックスなのよね」

「えー、私は大きい方よりも、絶対に〇〇さんのような小柄な方のほうが好きですよー」

といった具合だ。もちろん、「小さくて、いいですねー」なんて言い方はNG。

相手がコンプレックスを言ってくれたときこそ、そのコンプレックスの良さを接客のプロとして、褒めて返してあげるのだ。

鬼100則 50

褒める居酒屋が大繁盛なわけ

皆さんにも接客業に就いたからには、「褒める」スキルは必ず手に入れて欲しい。お客様に喜んでもらうのが接客業の本質であるのにもかかわらず、「褒める」ということひとつできない店員がたくさんいる。非常に残念だ。

接客のみならず、**社会で生きていく上においても「褒める」という習慣を手にいれた人は、満ちた人間関係を構築している**と思う。

私の大学の同級生に、小林という居酒屋のオーナーをやっている奴がいる。彼は大学卒業後、地元の静岡に帰りサラリーマンをしていたが、40歳で脱サラ。地元で海鮮居酒屋を開店し、今やいつ行っても超満員の繁盛店となっている。

実は、その居酒屋の超繁盛する理由のひとつが接客だ。彼の店は、「褒め居酒屋」をテーマに、アルバイトに必ずお客様を「褒める！」という接客を徹底させているのだ。例えば「生ビールありがとうございます！　ちなみに、お客様、その赤いメガネ最高に似合ってます！

カッコいいです！」といった具合だ。

私は、あるとき小林にこんな質問をした。

「小林、すごいね！　でも、褒めるほうも褒められるほうも、照れくさくないのかぁ？」と。

すると、小林からはこんな答えが返ってきた。

「柴田、そう思うだろ？　確かにお客様の反応って、最初は微妙だったりするんだよな。でもね、大切なのは褒め続けるということなんだ。最初に褒めたときは、お客様は『またまた、うまいこと言って』だ。でも、2度目に褒めると『もう、ホント、いつもうまいこと言うね』となり、3度目に褒めると『ほんとうにぃ？』。4度目に褒めると『そっかなぁ。いつもありがとう』と意識が変わり、5度目に褒めると『いつもそう言ってくれて、嬉しいわぁ』となる。

たいていの人は、一度褒めて褒めることをやめる。だから褒める効果を実感できないんだよ。うちは居酒屋だ。料理はもちろん、接客でも幸せになってもらうのが、プロ。その手段が『褒める』、いや、**『褒め続ける』**ってことなんだよね」と。

ぐうの音も出なかった。褒められて、嬉しくない人はいない。だから、**褒めてくれる人に人は知らず知らずに好感を抱く**ようになっていくのだ。

鬼100則 51

「褒める」と「ゴマすり」の違いを理解せよ

褒めるというスキルは、お客様に喜んでいただくという点において、絶対に身につけたいスキルである。しかし、ただ単に褒めればいいのかといえば、そうではない。

褒めれば褒めるほど、信頼を落とす方がいる。そういう人を称して「調子がいい人」とか、「ゴマすり」とか、「八方美人」と言う。ただやみくもに、思いつきで相手のことを褒めても良好な関係性になっていくわけではない。

私は新入社員のとき、お客様のことをなかなか褒められないでいた。本来ならば、お客様と盛り上がる「褒める」会話のはずが、こんな感じなのだ。

私「いや、やはり、お客様は、いつも素敵ですよね」

お客様「また、また」

私「ほんとですよ。お客様ホント素敵だと思います」

お客様「……」

こんな状況が続き、見かねた当時の店長からこんなアドバイスをもらった。

店長「お前のは、褒めているんじゃなくて、ゴマをすろうと精一杯って感じなんだよな。褒めるときは褒めている理由をしっかりと言わないと。それじゃあ相手は単なる調子のいい店員だと思うんだよ。『素敵ですね』と言いたいなら、なぜ素敵だと思うのかを言えないとだめだ」

店長から受けたアドバイスは単純なことだった。**ただ単に「お客様、いつも素敵ですよね！」では、相手は何をどう褒められているのかわからず、余計にセールストークに聞こえてしまう**ということだ。ちゃんと理由を添えて、

「お客様、いつも素敵ですよね。今日のファッションも、コサージュがポイントで、さりげない刺し色に本当にセンスを感じます」

と言えば、お客様はセールストークではなく、本当に褒められていると実感することができるのだ。

「ゴマすり」や「調子がいい人」とは、褒めることしか考えていない人。**「ちゃんと褒める」というのは、その理由まで言えて、相手が褒められたと実感できること**を指す。お客様は、単に褒めて欲しいわけではなく、褒められている理由を聞きたいのだ。

鬼100則 52

接客での「笑い」はこうして引き出す!

講演をするとき、会場に笑いがあるかないかで、受講者の感想はまったく違うものになる。

それは接客や販売でも一緒だ。笑いはなくてもダメ出しはされないが、あったほうが心の距離が縮まるに決まっている。そこで、誰にでもできて、簡単に笑いを引き出すコツを述べる。

お笑い芸人の漫才のような笑いは、私たちにはできない。私たち店員は、面白いことを言って相手を笑わせる必要はない。**大切なのは、会話の中で相手の笑顔を引き出し、話しやすい場の空気にし、親近感を持たせること**だ。店員においての笑いの役割とは、笑顔によって「空気を暖め、心の距離を縮める」ことにある。

では、どうすれば笑いを引き出すことができるのか?

相手の笑いを引き出す方法はひとつ。自分でまず笑って引き込む。これに尽きる。

講演にしても、接客にしても、面白いことを言うから、相手が笑うわけではない。面白そうに話すから、相手は笑うのだ。何を言うかよりどう言うか？　だから、笑って話すのだ。

以前は私が講演したときに笑いがまったく起きなかった。でも、それは（人前で）自分が笑えなかったからだ。できるだけ楽しそうに、笑って話すように心がけると、少しずつ会場に笑いが起きはじめた。「つられて笑う」という言葉があるが、まさにこれだ。

それまでの私は、笑いは面白いことを言って笑わせるものだとばかり思っていた。だから、そんな芸人のような話術はないから無理だと思っていた。

しかし、会話の中の笑いというのは質が違った。**楽しそうに笑って話せば、相手も笑顔になり、ときに笑ってくれる。**悲しそうに話せば、相手も眉間にシワを寄せ聞きはじめる。自分の反応に相手がつられる。それだけだ。

お客様は勝手には笑ってくれない。あなたが笑うから笑うのだ。そこに早く気づいて、すぐに実践してみて欲しい。いつかと思っていたら、きっと永遠にできないから、今すぐに笑って話すのだ。

鬼100則 53

笑っても苦情は起こる

対応苦情は、無愛想な対応だから起きると思いがちだがそれは違う。対応苦情はセクハラやパワハラと同じで、相手が不快に感じるかどうかだ。ゆえに、店員の笑いが不快というなら、それさえも苦情になる。

実際に笑顔苦情は、私が出店したデパートの店舗で起こった。教科書通り、何言われても満面の笑みで返す感じのいい新人の女性店員。その新人が年配の女性客のコートを接客したときのこと。

お客様「あら、このコート、結構なお値段するわね」

店員「はい。最高のカシミアが20%ばかり入ってるんで。少々お値段はしますが、軽い上に暖かいんです」

お客様「あぁ、カシミアが入ってるのね。いやさ、私、カシミアはユニクロで買ったことしかないから、少し高いなーって思っちゃったのよね」

店員「ハハハ、そうなんですね（笑）」

これで、大苦情だ。何食わぬ顔でお客様は店を出て行かれ、怒りはデパートに向けられた。「あの店員、私がユニクロでしか買わないからと笑ったのよ」と。

百貨店は苦情にはすごくデリケートだ。当然、社長である私が菓子箱を持って謝罪に。

これが、お客様の受け取り方次第の恐さだ。通常、**笑いは好感度を上げる大切なツールだが、使い方やタイミングを間違えると馬鹿にした風にもなる。**特にこの事例のように、お客様の自虐的に謙遜されたネタの話題に笑いは禁物だ。

何でもかんでも笑顔で共感すればいいものではない。笑いにもＴＰＯがある。店員はその場を読んで、表情をコントロールしなくちゃだめなのだ。

例えば、悩みを真剣に相談しているとき、相手がニヤニヤ笑いながら聞いていたらどうだろうか？　誰しもイラッとしてしまうものだと思う。極端だが、ＴＰＯとはこういうことだ。

真剣な表情と満面の笑み。相反する顔をきちんと使い分けるのが対応のプロだ。そこを間違えるから、悪気がなくとも苦情は起きてしまう。「笑っても、苦情は起こる」この言葉、頭の隅に置いて欲しい。

第 4 章

Sale
～販売の鬼～

言葉が役に立たないときには、純粋に真摯な沈黙がしばしば人を説得する。

ウィリアム・シェイクスピア

物事を成し遂げさせるのは希望と自信です。

ヘレン・ケラー

鬼100則 54

どうどうとすすめないから、不安にさせる

私は、大学時代にデニムを販売していたからか、デニムにはこだわりがある。こだわりがあるといっても、誰もが持っていないような高価なヴィンテージデニムに興味があるとか、そんなタイプではなく、デニムなら多少のお金を払う覚悟があるといったほうが正しい。

そんな私が、先日、新宿の某百貨店に行ってデニムを見ていた。スリムなラインがとてもきれいと評判のヨーロッパのブランドだ。しかし、見て欲しくなる服っていうのは、当然、値段もする。それで安いなんて、ムシのいい話がないのがアパレルだ。

一応の値段の覚悟を持った前提でデニムを見て、最終的にすごくお気に入りの一本を見つけた。私は、「これ！」と決めたら買うのは早い。とにかく、あまり悩まない。

「いかがですか？　似合いますよ」と、近づいてきた店員。

そんな店員に対し「あ！　これください。裾もそのままで結構ですから。そのまま持ち

帰りますので」と即決した。

すると、きっと20代後半の若い男性スタッフは、少しキョトンとした顔で「え？　よろしいんですか？」と聞いてきた。それ相当の値段がするデニムだったのに、私があまりに早く決めたからか、もしくは迷わなかったからか、その店員は「本当によろしいですか？」をそのあとも連発した。挙句の果てには、「１週間は返品できますから」と言われる始末だ。**店員の過剰な確認対応と、丁寧に何度も聞いてくる対応に、不安になってきた。**すると「あれ？　こんな高いの買ってる場合か？」と、冷静になってきたのだ。

若い店員の売りたいのか、売りたくないのか（いや、売りたいに違いないだろうけど）、はっきりしない対応が不安にさせる。買う気満々で入店したし、それなりに考えて購入を決めたつもりだったが、「少し、考えてみようかな？」という気になってきたのだ。結局、私は「考えてきます」と店を出た。

お客様は、常にその商品を好きか嫌いかだけを考えて購買しているように見えるが、実はそれ以上に店員の顔色や対応を見ながら購買を決めているのだ。

だからこそ、店員が商品をすすめることをためらうことが多い昨今、どうどうとすすめて欲しい。それが、実はお客様が望んでいることだと思う。

鬼100則 55

「間」を持てば、もっと伝わる。もっと売れる

先日、都内の某ファッションビルがリニューアルオープンだったので、見て回った。平日の昼だったのでメンズフロアにお客様はほとんどおらず、どの店の前を通っても店員と目が合い、歩きにくい、歩きにくい。

そんな中、私の好きなブランドも新規オープンしていたので入った。商品を見つめる私に、早速近寄ってくる店員。売り逃したくないという空気が、店員の第一声からもビンビンに伝わってくる。

「それ、気になりますか？　新規オープン限定シャツなんです……」

言葉がポンポン出てきて、テンポが早く、発声もいいし、ちゃんと微笑んで話し、言っていることも理にかなう。

販売歴の長いベテラン店員なのは、すぐにわかった。きっと新規オープンにつき、売上を作りたいので、「やり手店員」を投入しているんだろう、すごく真剣にやっている。が、

マシンガントークすぎて、いまいち話が伝わってこない。

なぜだろうか？

それは話し方に「間」がないからだ。相手に語っているというよりは、しゃべるのに追われている感がある。私は、流暢で途切れないしゃべりが素晴らしいとは思わない。

例えば、アメリカ大統領のスピーチ。

演台に立って、すぐには話さない。まず、民衆を眺めて、笑顔を見せて、一呼吸の「間」を置いてから「レディース&ジェントルメン……」とはじまる。

質疑応答のときも、質問にすぐには答えない。必ず腕を組み、頭を少し傾けて、少し考えてから答えを言う。この**「間」が、「聞く」を「聴く」に変える**のだ。惹きつける話し方とは、流暢に話すことではなく、相手を引き込む「間」を持つことだ。

話を戻そう。接客をしてくれた店員の彼に、その「間」があれば、もっと伝わり、もっと売れるはずだ。

ためを作ったり、間をとることによって、より聴きやすく、何を伝えたいのかが鮮明になってくる。彼がそれを知れば、鬼に金棒だろう。

鬼100則 56

お客様の要望は聞きすぎない

「お客様のご要望の商品が見つけられなくて、買っていただけなかったんです」。アパレル専門チェーンの社長時代、売れなかったスタッフから接客の報告を受けるとき、このような言い訳を幾度となく聞いた。言いたいことはよくわかる。だけど、私は、あえて必ずこう切り返していた。「ところで、お客様のご要望通りの商品ってどこにあるの?」と。

そもそも、お客様のニーズの商品って、不確かなものだと思うのだ。ニーズの商品って、あくまで脳内のイメージだ。**イメージである限りは、同じものを提案するのは不可能**だ。必ずイメージとは「何か違う」になってしまうのだ。

では、オーダーメイドなら、お客様のイメージ通りのものができるのか?

友人であり、取引アパレル企業に勤務しているオーダースーツの担当者からこんな話を聞いたことがある。「オーダーメイドの服、いわゆるお客様のイメージ通りに作った服なのに、意外にもできあがりの苦情が多い」と。

オーダーメードにすれば、お客様のイメージに似た服はできるのだが、100%のものなんてできない。だからイメージとの違いが気になって仕方なくなる。それが、苦情になる理由なのだ。皮肉なものだと思う。お客様のご要望を一番聞いたはずのオーダーメイドの結果が、苦情。

ここに私が思う結論がひとつある。あなたが店に立ち、「今日はお客様のご要望通りの商品を提案して、喜んでもらうぞー！」と、奮起したとしよう。しかし、その商品ってどこにあるのかってことだ。ちょっと乱暴な言い方になるが、そんな要望通りのものはなくて当たり前なのだ。ご要望通りの商品は、お客様の頭の中にのみ存在するからだ。

だからこそ私はこう思う。ご要望通りの商品なんてないのだから、**お客様のご要望を聞き出し、それをベースに（ここが大切で）、お客様に着て欲しいと思う違う商品を提案し**てみたらどうか。

その洋服を気に入ってもらえたなら、**頭のイメージ通りのものを探して、近いがちょっと違う商品をおすすめするよりも、お客様は満足される**と思う。

何度も言うが、お客様のご要望を聞き出し続けるのはやめよう。存在しない商品に、近づいていくだけだから。

鬼100則 57

本当のことを言ったら、絶対に売れない

まずは、何も考えずに、次の販売トークを読んでみて欲しい。

「この商品は見た目がすごく素敵なので、よく試着はされるんですが、なかなか買ってもらえなくて残っていたんです。それで、ちょうど今日からセールで、割引になったんです」

「白や黒もあったんですが、人気ですぐに完売してしまいまして。だから今あるのは、ちょっと地味なこのグレーだけなんですよ。試着されますか？」

どうだろう？　このトークで売れるだろうか？　きっと、読んでもらった読者、10人が10人絶対に売れないと思うはずだ。だが、ここで考えてみて欲しい。これは全部事実しか言ってない。

これは極端な例だったが、**自分では気づかないけれど、事実を話したら価値を下げてしまったということが店員にはある**のだ。

お客様に嘘は論外だが、教えなくてもいい本当の情報もある。

もし、お客様がこのグレーの商品を気に入っていたとして、「この商品は、残ったのがグレーなんです」なんて店員に教えられたら、「いい情報ありがとう」と言うわけがない。きっとこう言う。「聞かなきゃよかった」って。

要するに、**本当のことでも、お客様に聞くメリットがない知らなくていい情報、お客様を悲しませるような情報は、言わなくてもいい**のだ。それが、販売トークの原則。

「個性的すぎてなかなか似合わない服なんですよ。試しに、着てみられます？」

「全然売れない商品だけ、30％オフにしました。だから、この服、お得ですよ！」

この言葉を聞いて、お客様が喜ぶだろうか？

これが、お客様を失望させる「本当のこと」。本当の情報には、伝えないといけない情報と、それ以外の言わなくてもいい情報がある。

本当のことを知ったら、神経質な人は買い物なんてできない。

嘘を言うのは論外だが、お客様が失望する本当の情報を言う必要はない。だって、お客様に喜んで買ってもらう仕事だから。伝えなくてもいい情報だって存在するのだ。

鬼100則 58

アンチテーゼな店員は売れる

「アンチテーゼ」は哲学用語だ。私は大学時代、経済学部だったのだが、哲学も専攻しており、その授業ではじめてこの言葉を聞いた。その程度の知識なので表現に多少違いがあったら、ご容赦いただきたい。

アンチテーゼの意味は、テーゼ（意見を意味するギリシャ語）をアンチ（否定）する。直訳すれば、「否定意見」。ただ、普通の否定と違うのは、普通の否定は「でない」とか「ではない」といった完全なる否定を指すが、アンチテーゼは「完全否定しない否定」である。例えば、「好き」の否定表現（反対語）は「嫌い」だが、アンチテーゼな表現は「好きではない」、もしくは「好きとは言えない」となる。「白か黒か」みたいな、2つにひとつのような表現はしない。

よく女の子がつきあいの別れ際に、「嫌いになったわけじゃないから」といった好きでも嫌いでもないような表現をすることがあるようだが、あれである。それって、好きじゃなくなったってことだよねと思ってしまうのだが、完全に「嫌い」とは否定していない。

まぁ、言い方は悪いが、「ずるい言い方」である。

では、物販ビジネスでアンチテーゼな言い方を使うとどうなるか？

アパレルなら「その服は、似合ってない」と完全否定せず、「その服は、似合ってないわけじゃないです」と、**完全なるダメ出しをしない**言い方になる。

なぜ、店員としてこのような言い方が大切になってくるかというと、誤解なくお聞きいただきたいのだが、逃げ道を持っておくことができるからである。

なんか逃げ道のある表現って、ハッキリ言わないから嫌と思われるかもしれないが、販売とは買ってもらえる商品が最後の最後まで一転二転するのが普通。終わりが見えない選択の連続とも言えるのだ。だから店員は、絶対に完全に否定しないことが大切なのだ。

あくまで、**「好き、嫌い」を決めるのは我々店員ではなく、お客様**だ。

完全否定しないアンチテーゼな否定ができる店員は売れる。一考して欲しい。

鬼100則 59

何でも売ろうとするから、何も売れない

私の古くからの友人で、大学時代はずっとラーメン屋でバイトし、日本全国へラーメン食べ歩きの旅に出たくらいのラーメン好きがいる。そのうち、ラーメン屋でもするのかと思いきや、コンサルティング会社に就職し、今は飲食業担当のコンサルタントをしている。

彼と会うと、たいてい互いの好きなラーメン店の話になるのだが、先日会ったとき、

「柴ちゃん、つぶれるラーメン屋の共通の特徴知ってる?」

「何だろ? チャーシューの切り方がいつも違うとか?」

「実はな、つぶれるラーメン屋に共通してるのは、店主に『この店のおすすめは何ですか?』と聞いたときに、『うちは全部うまい!』とか『うちは、醤油、塩、味噌、すべてがおすすめ』と答える店なんや。これ、かなりに確率でほんま」

まぁ検証はやめるが、私は実に納得がいった。実は、それはそのまま販売の世界にも言えるからだ。

「おすすめはこれ」と言えなかったり、「すべてがおすすめです」という店員は、結局魅力ある提案ができず、売上を作れない。「どの商品も似合います」「どの商品もいいです」という店員ほど、お客様の信頼を損ない、売れない。

なぜ売れないかといえば、こういう図式だ。

売上が欲しい ↓ 何でもいいから売りたい ↓ 店の商品がすべておすすめ思考になる ↓ お客様からすると、何でもいいから売りたい店員のようにしか見えない

「すべてがおすすめです」ということは、お客様がどれを触っても、どれを手に取っても、すすめられるということだ。冷静に考えると、かなり怖い。

売れる店や店員というのは、「自分の店は、○○が強いんです」と得意なものを持っている。カルティエは元々宝石商なので宝石に強い。エルメスは元々馬具商なのでなんといっても革製品。あのグッチだって旅行かばんがはじまり。いわゆる得意なものが言える。

店において、すべてがおすすめなんて、絶対にありえないのだ。それを平気で言っている店員が信頼されないのは当然である。

あなたが信頼されないとしたら、「何でもおすすめになっていないか？」と考えてみることだ。

鬼100則 60

買うときは、まだ何も決まってはいない

「お客様！　この買い物がいい買い物になるか、無駄遣いになるかはこれからで決まりますから、たくさん着て、いい買い物にしてくださいね」

これは、着物を買っていただいたお客様をお見送りするときに、私が必ず言っていた言葉だ。呉服の世界では、「タンスの肥やし」という言葉をよく使うのだが、買って満足してしまい、肝心の着るということがなく終わってしまうのが一番残念なこと。

結果論なので、購入時には店員はもちろん、当のお客様ご本人でさえわからない。だって、着ないことを前提として大金を払って買う人なんていないのだから。よく無駄遣いとか、失敗した買い物と言うが、良き買い物か無駄な買い物（無駄遣い）かは、買ったときにはまだわからない。

例えば、安くてお得だと思い、財布に残っていた1000円で買ったTシャツと、高いなぁと思いながらも、思いきって買った2万円のエルメスのTシャツがあったとする。

１０００円のＴシャツは安かったから買ったものなので、結果として一度も着なかった。かたやエルメスのＴシャツは、高い金額を払ったのだから元は取らねばと頻繁に着た。さて、どちらが無駄な買い物だったのか？　言うまでもないと思う。

商品というのは、使用した分だけ良き買い物になっていく特性がある。

よく、買ってから「この買い物、無駄遣いしたんじゃないか？　失敗な買い物をしたのでは？」と、悔やみ悩むお客様がいるがそれは違う。買うことが失敗じゃなくて、着ないことが失敗なのだ。

もし、買って家に帰って、冷静になり失敗だったかなと思うならば、失敗は取り戻せるのだ。着ればいい。それだけ。

だから、クロージングで、あなたがお客様に商品をすすめるときに、失敗させない買い物、買って良かったと思える買い物のお手伝いをしたいと心から思うならば、値段が安いほうをすすめるとか、予算内の方をすすめるとかは、よほどお客様のご要望でない限りはしなくていい。**プロとしてお客様に着てもらえる、使ってもらえる品をすすめる。**その一点に尽きる。

おすすめするにあたっては、値段は良い買い物の何の保証にもならないのだ。

鬼100則 61

商品説明は、「ウィキペディア」より「ヤフー知恵袋」

私は、**販売でお客様をその気にさせる人とそうじゃない人の差は、商品説明のわかりやすさ**だと断言したい。要するに、店員のわかりやすい商品説明を聞くうちに、お客様の頭の中が整理され、必要なものがわかってくるから欲しくなるのだ。

商品説明が授業のようで、帰りたくさせる店員がたくさんいる。特に、知識（データ）好きな男性店員に多い。彼らの話を聞いていると、「いかにこの商品はすごいか？」が言いたくて、知識の話（例えば、洋服だったら、繊維やら、ウールの種類やら……）に夢中になる。当然、知識だからお客様がまったく共感できない。

このような説明を、私は勝手ながら「ウィキペディア説明」と呼ぶ（笑）。

ウィキペディアはご存じの方も多いかと思うが、ネット版の辞典である。たんたんと事実説明が並ぶ、無表情でドライかつ整然とした文章だ。

知識を並べる店員の商品説明ってこれだ。いわゆる知識の説明中心。お客様が誰であろうと関係なく、説明が続く。当然、お客様にとっては退屈な時間がすぎていく。

逆に、わかりやすい店員の商品説明って、どんなものだろうか？　私は「ヤフー知恵袋説明」と言いたい。回答者の中には、質問者に対して、**等身大の言葉でわかりやすく、自分の経験を介しながら、その人の悩みにしっかりと返している**方がいる。しかも、短い文章でわかりやすい。

接客現場でもこんな風に説明されたら、お客様が理解に苦しむこともないだろう。

●売れない店員

・相手が誰であろうと関係ない。お客様を見ていない説明をする
・店員の感情や所感を挟まず、ただ事実だけを並べて説明をする
・やたらと長く、難しい言葉を使う
・パンフレットをわかりやすく説明しているだけ

●売れる店員

・相手の状況を見て、店員としての意見を添えて説明をする
・難しい専門用語は使わず、短く説明しようと心がける。結果として、わかりやすい
・知識よりも自分が試してみた実体験をベースに説明するので説得力がある

鬼100則 62

お客様が欲しいのは買う理由

私が呉服チェーンの店員をしていたとき、「大安」の日はよく売れた。なぜか？　「大安」の日の朝礼は決まってこんな感じだった。

店長「今日は、なんといっても『大安』ですから、自信をもっておすすめしてください。特に迷われた方には、『大安の出会い』を強調しながらも、お客様に買うべく理由の提案をしっかりすることを忘れないようにお願いします」

そう、我々がお客様におすすめするときに最後のダメ押しとして「大安」というとっておきの買う理由を提供できる特別な日だからだ。

もちろん最初から、「大安だから買いませんか？」なんてやっても意味はない。お客様が欲しい商品があって、迷って悩んで、どうしようかと考えているときにこの言葉で背中を押すから、決定率が異常に伸びるのだ。

「今日は大安ですから、ハレの商品でもあるお着物を作られるには本当に吉日です。たまたまとはいえ、これも何かのご縁と考えることができます。気に入ってもらっているのなら、ぜひおすすめします」と、こんな具合である。

お客様の頭の中は、常に「買うべき欲求」と「買ってはいけない理性」が混在し、戦っている。だから、悩む。そこで、我々店員が買うべき欲求を満たしてあげるために、買う理由を提供するのだ。実は**お客様自身も買う理由を欲しがっている。**だって、買いたくないお客様は入店されないのだから。

よくお酒好きの人が、「花見だから」「めでたいから」「気分転換に」「出会った祝いに」など、何かにつけて「飲む理由」を探して飲むのにも少し似ている。

買う理由を欲しがる理由、それは衝動買いではないと思いたいからだ。衝動買いが悪いわけではないが、良いイメージを持たない。一時的な迷いだったともとれる行為だからだ。だから、衝動買いではない理由をつけるべく「買う理由」を欲しがっている。それが、「大安」だ。それが「出会い」だ。それが「お値引き」だ。そして、その最たるものが「販売員のお墨つき」なのだ。

あなたは、お客様の「買う理由」をちゃんと用意して、提供できているだろうか？　それができればお客様は笑顔でレジに向かわれるはずだ。

鬼100則 63

売れる商品の見せ方は、コース料理から学べ！

販売にあたって、アプローチやクロージング、話し方などを重要視する店員は多いが、意外にも「商品の見せ方」には無頓着な店員が多い。しかし商品の見せ方を間違うと、お客様が感じる商品価値は上がらない。そうなれば、売れるわけがない。気に入ってくれるが欲しいまでには届かない、その原因は見せ方にある場合が多いのだ。

では、見せ方で大切なのは何か？

- **迷わせない見せ方（わかりやすい見せ方）**
- **価値を上げる見せ方（引き立つ順番）**
- **少ない数で、見た気になる見せ方（不感症にならない見せ方）**

皆さんもフランス料理や中華料理、日本料理などでコースを頼まれたことがあると思うが、あのコース料理こそ、出し方、いわゆる提供の仕方が勝負どころ。

例えばフランス料理のコースは、食欲を出すための食前酒が出たあと、冷たく薄い味付けの前菜からはじまり、最後は温かくて濃いソースのメインディッシュで終わる。濃い味が途中に入ったら、いったん味覚をリセットするために冷たいお口直しが出たりもする。コース料理は出てくる順番を間違うと皿の味が引き立たない。だから、提供の順番にこだわる。もちろん、それぞれのお皿が美味しいものである努力を怠らない上でだ。

それは、販売も同じだ。

・お客様の好きなタイプの同じような商品をいくつも持ってきて並べる（好きなものまで、好きかどうかわからなくなる）

・安い値札の商品から見せて、あとから高い商品を見せる（あとから見せた値段の高い品が、めちゃくちゃ高額に見える。見せる順番が逆）

・見せる数が少なくて「もっと見たい」と思わせる

・品数を見せすぎて、迷わせる

・濃い色の次に薄い色を見せて、薄い色をものたりなく感じさせる

言い方は悪いが、**売れない店員の見せ方は、思いつきの行き当たりばったり**なのだ。

うまい店員は、見せ方まで考える。一皿一皿が引き立つような出し方をするフランス料理と同じく、ひとつひとつが引き立つ見せ方をしなければいけない。

鬼100則 64

一見、必要ないものこそが、必要なのだ！

私たちの身の回りには、一見、必要ないもののように見えるけど、実はなくてはならないものがある。それを「不要の要」と呼ぶ。

例えば、マクドナルドのメニューで最も売れてるハンバーガーは、ダントツに「てりやきマックバーガー」らしい。そこで、メニューを絞って「チーズバーガー」とか「フィレオフィッシュ」を除き、「てりやきマックバーガー」だけにしたら、どうなるか？　結果、「てりやきマックバーガー」は、売れなくなるのだ。

いろいろな商品があって、はじめてお客様は「てりやきマックバーガー」を選んでいる。正確には選べるという表現になる。「不要」なものがあるから、「必要なもの（要なもの）」が明確に自覚できるのだ。不要なように見えて必要なもの、これを「不要の要」という。言い方を変えれば、効率を上げようとしてメニューを絞ると、一番売れていたトップ商品が売れなくなるという事態を起こし、結果として非効率をもたらす。

接客においても、同じことが言える。例えば、お客様に「白の服が欲しくて」と言われたら、「白い商品」ばかり見せようとする店員がいる。

いわゆる、偏った見せ方をする店員である。するとどんなことが起きるかというと、お客様は最終的に決められなくなるのだ。**実は要らない商品を見ていないと、要る商品までわからなくなるという心理が働く。**

白い服と言われたらある程度白い服を見せて、お気に入りがあった時点で、今度は逆に赤とか黒とか総柄の服とか、たぶん気に入らないであろう不要な商品をお見せする。すると白い商品の価値が上がり、必要な商品を認知しはじめる。不要なものを見せないと必要なものが明確に浮き出てこないのだ。

また、**不要な商品は、お客様満足にも一役かってくれる。**お客様が買われたあと、まったく真逆な商品をもう一回お見せしたら、お客様は再度「自分の選んだ商品で間違いない」という再認識をされる。いわゆる、いい買い物だという認識である。これも、不要の要がもたらす、お客様満足の一例である。

不要なものを見せているか？　あなたの接客をもう一度見直して欲しい。

鬼100則 65

2つの商品で迷うのは、50％・50％だからじゃない

当時オーナー店長だった私は、お客様が2つの商品で迷っていたら、スタッフにこう耳打ちをしていた。「おすすめる商品を間違えるなよ！」。

お客様は最後に2つの候補で悩まれる場合が多い。2つの商品の違いはさまざまだが、ひとつ言えることは、どちらをお客様にすすめるかで「購入」か「少し考えてきますとなる」かが決まる。

私の経験から言えば、たいてい**お客様が2つの商品で迷ってるときというのは、実はどちらか一方のすすめて欲しい商品がちゃんと頭の中にある**のだ。

経験の浅い店員にしたら、お客様が真剣に悩めば悩むほど、50％・50％で悩んでいるような気がするのだが、実は違う。2つの商品をそんなにきれいに均等に50％・50％で迷ってるわけではない。

そこには、本命商品にすぐ飛びつけない何らかの理由があり、もう一方の商品（これを

妥協商品と呼ぶことにする）を検討している。これが、たいていのお客様の迷い方だ。ここで本命ではなく妥協商品を安易にすすめると、販売は未購入で終わる。

店員は、ときとして、手っ取り早く決まりそうな値段の安いほうの商品を安易にすすめる場合がある。ただ、それが、そのお客様の買い物の本命商品なら（とにかく安い品が欲しい）決まるが、予算内の品だから（安いから）の妥協商品なら決まらない。

お客様の頭にある本命商品を見抜き、それをすすめるから購入決定するのだ。買わずに帰られるのは、店員のおすすめミスがほとんどなのだ。

お客様が迷い、悩んでいるとき、どっちの商品のスイッチを押すかが分かれ目だ。お客様はたいていの場合、60％・40％で悩んでいる場合がほとんどで、60％の商品をおすすめすれば決まる。その60％の商品を見極めるために、それまでの接客のプロセスがあったといっても過言ではない。

では、60％の商品ってどっちか？　もちろんケースバイケースだし、確率の問題ではあるが、**値段が高いほうの商品である場合が多い**。悩む理由が、単純に値段だけだからだ。また、**最初に見たり着たりした商品のほうが気に入っている可能性も高い**。

最後に、本命商品を買われたお客様のほうが、満足度が高くなることは言うまでもない。

鬼100則 66

③ー①（さんいち）の法則
プレゼンの黄金比を使え

販売や接客に従事している方から「柴田さん、なかなか商品のプレゼン（提案）がうまくできません。柴田さんならではのコツはありますか？」といった質問をよくされる。

私が、呉服業界1位の「やまと」に勤務していた頃、当時ナンバーワン販売員だったYさんからプレゼン方法を教わったことがある。

本項では、いわゆる呉服を日本で一番売っているといっても過言ではないYさん直伝の方法を紹介したい。それが、タイトルにした「③ー①の法則」。すごい販売員の教えだから、特別なことかと思いきや、実に単純かつ理にかなったノウハウなのだ。

それは、**商品の3つの良い点（メリット）を言ったあとに、ひとつだけ欠点（デメリット）を話す**、ただそれだけだ。その割合が「③の①」。2つの良い点に対してひとつの欠点じゃ、欠点が頭に残る。4つの良い点に対してひとつの欠点じゃ、いいことばかり言っている印象が残る。③ー①のバランスは、プレゼンの黄金比とも言えるのだ。

お客様から売り込みだと思われるのは、メリットばかりを話してしまう店員。

例えば「このコートは、とても柔らかくて暖かいカシミアなんです。しかも、軽いんです。1頭から少量しかとれないので希少性も高く、年間に数着だけ入荷されます。また、耐久性も良く……。（延々と、メリットプレゼンが続く）」

これでは、聞いていて、嫌になりませんか？　そこで、デメリットを少し入れて語る。

「このコートは、とても柔らかくて暖かいカシミアなんです。しかも、軽いんです。1頭から少量しかとれないので希少性も高く、年間でも数着だけ入荷されます。が、お手入れが少し大変です。毎回のブラッシングや定期的な陰干し。でも、これができれば一生モノです」

メリットだけでなく、あえてデメリットを交ぜることにより、商品の良さを引き立たせかつ、信頼性を増すのだ。

人はおかしなもので、**いいことことばかり言う人ほど信頼していいのかなという疑心暗鬼な心理が働く。**ほんの少し悪しき点を交ぜる、信頼性を生み、商品価値を高めるのだ。

650万円の超高級コートを売る店員が大切にしていること

よく「値段が高くて売れない」と、百貨店特選ブティックの店員は言う。また、高級時計、呉服、宝石、高級輸入車販売などの店員も一概に同じことを言う。

呉服販売を経験したものとしてあえて厳しい言い方をさせてもらうが、お客様が「高い」と感じるのは店員の技量不足だ。店員がその値段まで商品価値を上げる説明ができず、適正価格だと感じさせられなかったからだ。

ビキューナという、鹿やバンビに似たアンデス山脈に住むラクダ系の動物をご存じだろうか?

ウールで一番高額なのはカシミアと思われているが、そうではない。実は「神の繊維」と呼ばれるこのビキューナの獣毛なのだ。最高ウールのカシミアよりも、細くて軽くて暖かい。だが、頭数が少なく、刈り取る量はごくわずか。当然、手にするのも奇跡なのだ。

だからコートにすれば高級輸入車は楽に買えてしまう。一般の金銭感覚では、買うとかのレベルの代物ではないのだが、これが売れている。

希少性と価値ある特性の説明をひとつひとつ積み重ねていくと、ある瞬間に価値は値段に到達する。すると、価格＝価値と等式になり、高い買い物ではなくなるのだ。

これが、６５０万円のビキューナコートを売りこなす店員が最も大切にしていること。

当然、奇をてらったような説明や軽いノリで笑っての説明では、この値段まで、価値が到達しない。価値を高めるためには、誠実なる説明が必要なのだ。

価値が値段までとどかない商品のことを、下世話な表現になるが、「ぼったくり商品」と言う。いわゆる、その値段が高いと感じる商品である。

商品についている価格が、適正であり「高くない」と思ってもらえるのか、「高いだけの商品」と思わせるのか、それは店員次第だ。

店員には、しっかり価値を積み重ねていく説明をし、価値が値段とイコールになるようにする責任があるということだ。

鬼100則 68

「ものは言いよう」で、商品価値を上げろ！

長年、たくさんの売れる店員と接してきたが、彼ら彼女らに共通して思うことがある。それは「ものの言い方がうまい」ということである。人の受ける印象というのは、言い方ひとつで大きく変わるという点をしっかり理解し、それを接客や販売に活用しているのだ。端的に言えば、どのように表現するかで、まったく別の印象を相手に与えることが可能だということである。

例えば、仲の良い友達と1カ月前から予定を立てていたディズニーランドへの旅行。待ちに待った楽しい旅行のはずだったが、当日はなんと暴風雨。こんなとき、こう考えてみたらどうだろう。暴風雨だから、間違いなく空いているはずだ。いつもの2時間待ちなんてあるはずがない。ラッキーだ！

これが、逆転の視点。いわゆる、ものは言いようである。

本題の販売に戻して活用すれば、お客様が欠点だと思っている点を、長所に変えていくことだってできるのだ。

例えば、なんとなく洋服についているフリルが邪魔だと思っているお客様に対して、「そのフリルがあるからこそ、豪華なイメージができあがっているのだ」などのメリットを語ってあげるといい。

ドレスが派手ではないかと思っているお客様には、「ドレスならこれくらい豪華なほうがいい」と語ってあげればいい。

断然、与える印象は変わってくる。言い方は少し乱暴かもしれないが、この言い方を身につければ、どんな商品だって良い印象を語れる切り口が作れるはずなのだ。

これが冒頭に書いた、売れる店員が使っているうまい言い方。いわゆる「ものは言いよう」なのだ。

売れる店員のトークを聞いていると、商品の価値が上がり、すごくよく見えてくるという現象が起こるのも、こんな視点で語っているからに他ならないのだ。

あなたの仕事は、あなたの販売トークによって、商品価値を高めることにあるのだ。だとしたら、ものは言いようの逆転の視点は、欠かせないといっても過言ではないだろう。

鬼100則 69

商品価値を上げたければ、演出をしなさい

以前、私の会社が某大型ショッピングモールにレディスショップを出店していたときのこと。うちの店の向かい側に、リサイクルのショップがあった。扱うのは、ヴィトンやグッチといったような人気の高級ブランド品。接客の際、店員の彼ら・彼女らは、商品をケースから取り出すときに白い手袋を着用する。

当然、バッグを差し出されたお客様は、手に取る際に尻込みする。「えっ？　私は、素手でいいでしょうか?」ってことだ。

この時点で商品価値が上がり、言い方は大変失礼だが、お客様は店側の作戦にはまっている。

向かい側の店なので、動きはすべてこちらに筒抜けで見えてしまう。実は、彼らが閉店後に陳列替えをしたりしている際、手袋なんてしていないるのを見たことがない。素手で移動させているのだ。

お気づきいただけたと思うが、白い手袋は商品価値を上げるためのツールである。

これは、決してお客様を騙しているなどというのとは違う。商品をよく見せるために、ディスプレイを工夫したり、磨いたりすることと同じレベルだ。要はお客様に喜んでもらう演出の一環と言えよう。何を言いたいか。**商品価値というのは、店員が商品をどう扱うかで決まる**のだ。

逆に考えてみたらわかりやすい。ケースにあるヴィトンのバッグを取り出すとき、店員が、素手で乱暴に扱っていたらどうだろう？　商品の価値は著しく落ち、良いものも良く見えなくなるのではないか？

白い手袋は極端な話だが、商品価値を上げたければ、まずはその商品の扱い方に気をつけて欲しい。そして、希少性やその商品にしかない特異性を語るべきだ。お客様は大量生産されているものではなく、いつでも手に入るわけではないものに価値を感じる。また、その商品にしかないものに魅力を感じる。

ちょっと言葉足らずかもしれないが、**商品価値を上げるのは売り手である店員のあなた**だということを忘れずにいて欲しい。あなたの言動が、商品価値を上げ下げしているのだ。

鬼100則 70

安い商品との差が言えないから、売れない

私は料理が大好きで、暇があれば厨房に立つ。社長時代よりも時間ができたので、最近は煮込み料理に凝っている。当然、そうなると気になるのが鍋だ。

ル・クルーゼというフランス製の伝統的な鍋メーカーがある。料理好きなら最終的に行き着く鍋だったりするのだが、2万円以上はするだろうか。それなりに値段も張るのでいつも買うかどうか悩む。

そんな折、先日百貨店で仕事があり、早く終わったので件《くだん》のル・クルーゼを特選キッチンコーナーに見に行った。

おぉ、やっぱり百貨店の特選キッチンコーナーにあるものは、何もかも高い(笑)。そこで、ル・クルーゼの売り場担当員に、他の類似鍋との値段の差や、性能の差を聞きいてみた。

「すみません。このル・クルーゼの鍋なんですが、似たような鍋が5分の1程度の値段で売ってるんですが、何が違うんですか?」

女性店員「えっ、違いですか？　え……（しばしの沈黙）。ちょっとお待ちいただけますか。詳しいものに聞いて参りますので」

と、言って売り場を去った。百貨店の商品と類似商品、見た目は似ているがその価格差の理由が答えられない。ちょっと厳しい言い方をするが、それじゃ特選キッチンの高い値段の商品は売れない。特選売り場の「特選」である理由が言えないのだから。

特選が特選である理由、**値段が一般商品より高く設定されている理由をお客様に説明できないのであれば、店員として立つ資格はないし、売る資格もない。**

もし、それが説明できないのなら、百貨店は特選売り場ではなく、高額品売り場という名前に変わるだろう。

店員は、**自分の店の商品が高い理由、もしくは安い理由をお客様に説明できる説明責任があるということを忘れてはいけない。**それが店員の職責であり、できなければただの店番にすぎない。

鬼100則 71

高いから売れない？ いや、安いほうが難しい

クライアントの社長さんと雑談をしていて、私が20代のときに呉服販売していたことを話すと、「柴田さん、着物なんて高額品、よくぞ売りましたね」と言われることが多い。私は「いやいや、100均の店員のほうが難しいですよ」と答えるのだが、たいてい相手は「またまた、柴田さん！ そんなわけないでしょ」と、本気にしてくれない。本当にそう思っているから言っているのに。

理由は明快だ。高い理由を説明するより、安い理由を説明するほうが、よっぽど難しいと思っているからだ。

私は、100万円の着物から、5000円程度の子供服まで販売をした経験を持っているが、圧倒的に高いほうが売りやすい。

どうしてか？ **高い値段がついている商品を「値段相応にいいものであり、適正なのだ」と説明するほうが、安い値段がついてる商品の価値を引っ張り上げることよりも簡単だ**か

らだ。安いという理由で大人気を博したユニクロが、国民的なブランドになるまでには何年もかかった。それは、値段が安い理由を認知してもらうのに時間が必要だったからだ。わかりやすく言えば、安い洋服の代名詞だったユニクロが、値段以上に付加価値を上げるという後づけの難しい戦略を強いられたのだ。それだけ、値段が安い商品を適正の価値にすることは難しい。高い商品に価値をつけるほうが楽だ。

「安いけど、長持ちするんです」と「高いから長持ちします」。どっちのほうが、信頼性があるだろうか？　きっと、後者だと思う。**「安いけど」という販売は、安い言い訳みたいになるのだ。**そういう意味で、高い商品のほうが納得を得られやすいのだ。

いったん安いと価値が落ちてしまった商品を、店員があとから持ち上げていくのは、かなり難しい。

高いと思った商品が、価値を考えると実は安い。その理由は伝わりやすいし、お得な買い物としておすすめしていける。

そう考えたら、私は「高いから売れない」は、売れない理由にはならないと思う。

鬼100則 72

安くなってます。ではなく、安いと感じてもらえ！

コンサルタントとして出張し、ビジネスホテルに泊まることがよくあるのだが、最近安くてきれいなビジネスホテルが増えたと思う。

外国人が対象と考えれば納得いくが、日本人の大人が一人で寝るには十分すぎる大きさのベッドにデスク。また、シャワーブースも充実している。これで値段は、今までのビジネスホテルと同じだ。

そこで、「なぜこんなに安いホテルに泊まれるようになったのかな？」と、考えてみた。出た結論は、「もしかしてこれが安いんじゃなくて、これまでが高かったのではないか？これまでは狭いのに高い料金を取られ続けていたのではないか？」という視点。

間違いなく言えるのは、ホテルのグレードが上がっていたのに値段が据え置きなので、安く感じているということ。

これって、販売にも言えることではないか？　ユニクロが安く感じるのも、実はこれまでが高かったのではなかろうかってことだ。ファストファッションとは言うが、あれが適正だと考えたらどうだろうか？　すると、これまでが高かったとなる。

価格は比較論だ。安くなっているというよりも、安く感じさせることが大切だということを言いたいのだ。

よく店員が「安くなっています」と値札で安いことをアピールしようとするが、お客様はそれで安いと思うのか？　私はそうは思わない。安いと言われているだけで、実感はしていない。**安いと言われることと、安いと感じることは別**だからだ。

安くなった値札を見せられても、実感させることができなければ、安い魅力はないのだ。

では、安く感じさせる販売ができるかどうか？　もし、できたなら、安いということも商品価値になるし、販売力となる。

例えば商品レベルが一緒なら、高い商品のあとに、安い商品を見せられたらどうだろうか？　例えば、値段が一緒なら、粗悪な商品のあとに良い商品を見せられたらどうだろうか？

安いとは「安いんです」と言って伝えるものではなく、値段を引いて安くするものでもなく、安いと感じさせるものなのだ！

鬼100則 73

欲しくないものはたとえ1円でもお得ではない

先日、仕事帰りにファッションビルをグルッと回り、帰ることにした。ファッションビルでは、セールもひと段落して、「おっ、カッコいい服!」と思うと、たいていが「新入荷商品」。「だよねー」なんて思いつつ、セール品を見ても魅力ある服がなかったので心踊らず。

そんな折、あるセレクトショップに入るとやたらとセール品をすすめられる。どうしてもセール品を売りたいのか? セール品がすすめやすいのか? とにかく、30%OFFになっているとか、50%OFFになっていて最終捨て値だとかの商品を見せられた。

いつもなら気にも留めてないのだが、ちょうどこの書籍の執筆中ということも相まって、この話題は物販の原理原則として書いておいたほうがいいだろうと思った。

結論からズバッと書きたい。

ゼロに何をかけてゼロなように、価値観のない商品の値段をいくら引いても買いたいと

思わない！　たとえ1円だとしても、欲しくもない商品の値段なんて、まったく興味がない。それが、客心理だ。

もし、これがインフレの時代、すなわちものがない時代だったら別かもしれない。今は物価が下がっているので、かなり乱暴な言い方に聞こえるかもしれないが、安いという魅力は、ほぼなくなっている。

もう一度、物販の基本に立ち戻りたい。

もし、店員がお客様満足として視点を念頭において接客や販売がしたいのであれば、私はやはり、価値ある商品からすすめるべきだと思う。買いたいものが安ければ買うが、安いからといって買うことはないのが客心理だからだ。

としたら、すすめるのは魅力が欠如したセール品より、魅力はあるが値引きしてない新作でしょ。数が欲しいわけじゃなく、着たいものが欲しい。

仮に、**もしセール品を売りたいなら値段の話題から入らず、しかもそこは触れずに商品をお見せする。**そして服の価値を上げる。それでダメなら、仕方ないと思おうじゃないか。

皮肉にも、値引きが価値アップの邪魔をしているのだ。お得とは、気に入ってはじめて姿を現す心理現象を指す。

鬼100則 74

店員にはレジで終わりでも、お客様にとってはレジがはじまり

先日、スーツを買いにメンズショップに行った。コンサルタントになってからは、やはりスーツを着る機会が増えたのと、近く長女の結婚相手の両親との顔合わせ会があるみたいなので、この機会に新調しておこうと思ったわけだ。メンズショップでは、終始、女性スタッフが私の対応をしてくれた。

その店ですごく残念なことがあった。それは、接客してくれた女性、非常に感じの良いスタッフではあったが、最後まで私がこのスーツを何のために買いに来たのかを聞くことがなかったのだ。しかも、持ってくるスーツはすべて「お店のおすすめの商品」。私がこのスーツをどこに着ていくのか、何のためにこの店に来て買おうとしているのかも知らないのに、スーツを真剣にすすめている。

何が言いたいか？　ちょっと厳しい言い方をすれば、**お客様の目的も知らずに、すすめるってことは押し売りと同じ**ということだ。「えっ！　押し売りなんて！」と思うかもし

れないが、押し売りとは、店が売りたい商品をお客様の事情や目的を無視してすすめる販売を指す。一緒じゃないか！

ただ、このような接客・販売は、最近実に多い。朝礼で、「今日はこの商品をおすすめしてください」と、おすすめ商品の指示があると、お客様の事情なんてお構いなしに、その商品をすすめる店員が増えている。コミュニケーションを苦手とする店員は特にだ。

そこであえて言わせてもらいたい。**お客様にとって、洋服選びは前準備にすぎない**のだ。

ここを忘れては絶対にいけない。

ニーズの聞き出しが、販売において最も大切と言われるのは、そこにある。店員が商品選びと同時にしないといけないことは、お客様がその服を着て何をしたいのか？　それを共有し、その着たときの喜びを膨らませ、アドバイスをするのが店員の本当の仕事だ。

だから店員は、お客様が洋服を着て何をし、どんな喜びがあるのか？　どんな夢を見るのか？　それを知り、そのお手伝いをする仕事であることを忘れてはいけない。

だから、ニーズチェックができるか？　否か？　ここで、その店員の接客・販売クオリティが問われているといっても過言ではない。

お客様が買われなかった6つの理由

売買という行為は至ってシンプルだ。お客様は悩んでいる商品の不安がなくなれば、レジへ向かう。不安が消えなければ退店される。端的に言えば、ただそれだけのこと。とすれば、私たち店員のすることは、お客様のすべての不安を消すことにある。

では、どんな不安を消せばいいのか？　ここに私たちが、消してあげないといけない6つの不安を紹介したい。

●似合うかしらの不安

アパレルの場合、常にお客様が店員に問いている最大の不安がこれである。そしてプロである店員に一番聞きたいのも、ここである。ただ単に「似合いますよ」や「素敵です」を連呼するだけじゃなく、ちゃんと似合う理由を示してあげることだ。

●必要かしらの不安

使わないものは買わない、買いたくない、という絶対的な買い物の原則がある。もちろんまだ買ってないのだから余計に不安である。そんなときは、同じものを買ったお客様の使用された前例や自分の体験、お客様にとっての活用法を具体的に示してあげるといい。

●店員が安心かしらの不安

常にお客様は、この店員のおすすめを信じていいのかという不安を持ちながら接客を受けている。だからこそ、身なり・印象・言動を含め、思いやりのある接客を心がけること。

●お店が安心かしらの不安

店に対する不安には2つある。店自体を信頼していいかというものと、自身の年代や客層の店であるかというもの。自店が信頼おける店であることと、「あなたみたいなタイプの方の店です！」ということを自信を持って言ってあげて欲しい。

●値段が安心かしらの不安

お客様は、この値段が適正な価格なのかという不安をいつも持っている。安くない理由はもちろん、高くない理由もしっかりと伝え、適正価格であることをアピールする。

●もう決めていいのかしらの不安

最後に出てくるのが、今日決めていいのかしら？　買ってもいいのかしら？　という不安だ。店員は、今日買って間違いない理由をおすすめ時に示さねばならない。

第5章

Repeat customer

～リピーター獲得の鬼～

人間関係は、短期的な結果を求めず、長期的な視点をもって欲しいと思います。

坂東 眞理子（「女性の品格」著者、昭和女子大学総長）

苦情を受けたときは「縁が結ばれる好機」と考え、ひとつの機会として活かしていくことが大事。

松下 幸之助

鬼100則 76

あなた自身がブランドになればいい

「うちは、ブランドショップじゃないから、売るのに苦労するんです」

地方で販売セミナーをすると、よく耳にする。そんなとき私は必ずこう答えている。

「いやいや、あなたがブランドになればいいじゃないですか！」と。

私の元の会社の部下で、百貨店のレディスショップに勤務する小原さんという女性店長がいる。彼女は、昨今の高額品が売れない時代に、10年以上も前年比アップを続けるスーパー店長であり、スーパー店員である。そんな彼女の売上は、店の約6割近くにものぼる。

彼女のすごいのは数字だけではない。売り場に行くと、彼女に売って欲しいお客様が、他の接客が終わるまで店をうろうろして順番待ちをしているのだ。

そんな彼女のすごい点をひとつあげるならば、**「お客様を人一倍観ている」**という点だ。入ってきた場所、そのとき見ていた商品、お客様の服装、持ち物、触られる品々、その情報をさりげなくもしっかり観て、覚えて、販売に活かす。

特にすごいのは、そのお客様が以前何を買われて、どんな買い方をされたかまでよく覚えていることだ。顧客ならばクローゼットの中まで、だいたい頭に入っている。その脳内データベースが、おすすめに説得力を持たせ、信頼につながっているのだ。

これは才能だけではない。販売のあとにデータノートに細かく書き写している姿を、私は知っている。いわゆる努力の結果なのだ。また、**何事にも手を抜かない実直さは、ファンを離さない。**

ブランドには安定した高い品質性と付加価値があり、消費者はそれを持つことに喜びがある。お客様のことを熟知した彼女の良質な接客も、お客様の喜びを生む。これは、まさにブランドというべきだろう。彼女に限らず、繁盛店には必ず名物店長や名物店員がいる。そんな名物店員たちを、私は「ブランド店員」と呼びたい。

ブランド商品だからといって、売れる時代ではなくなった。これからは、**人で売る時代が到来**する。そして、あなたが、ブランド店員になる時代がやってくるのだ。

うちの店は、流行りのものやブランド品がないから売上が上がらない、なんて思っているあなた。高品質で、お客様のコンシェルジュ（執事）な接客を提供すれば売れる。そして、あなた自身がブランドになれるのだ。

鬼100則 77

お客様の趣味を勉強しなさい

接客のコミュニケーションで最も大切なことは、商品の話題に終始せず、お客様の興味がある話題で盛り上がれる会話をすることだ。さて、あなたはお客様のことにどれだけ興味を持ち、どれだけ知っているのだろうか?

私は、呉服チェーンに入社し初出勤の日に店長から突然言われたことを、30年たった今でも覚えている。

「柴田、べっ甲のメガネって見たことあるか?」

新卒入社だった私は知る由《よし》もなく「いえ、べっ甲って何ですか?」と恥ずかしいながらも聞き返した。「柴田、お前がこれから接客していく客層は、同年代じゃないんやで。ずっと年の離れた年配の方々や。お前、そのお客様のこと、何知ってる? 大切なのは、着物以外のことでどれだけの引き出し(話題)を持ってるかっちゅーことや」

そして、こう続く。「うちの店の客層で一番多いのが、50代~60代。そんな年配の方のステイタスなもの、知ってるか？　それが、べっ甲のメガネや。あの年代は、べっ甲のメガネしてたら、自慢したいもんなんや。言い方悪いけどな、値段高いで！　だから、ここ知ってるかどうかが大切なんや。べっ甲のメガネしているご年配のお客様に『素敵なべっ甲のメガネですね』と言ってみ！　グッと心の距離縮まるで」と。

要するにその**ターゲット層のお客様の興味あるもの、持ち物、身につけているもの、流行っているものをしっかり勉強しとらえておく**ことは、むやみに世間話をするよりもよっぽど有効で、心の距離感を縮めるということだ。

一流のクラブのママは「日本経済新聞」を毎朝読むことを怠らないという話を聞いたことがある。自分の店に政治家や企業役員がやって来るので、その客層の情報収集に余念がないのだ。また、一流の保険外交員も、お客様の趣味や好きなものをすべてメモし、話題作りを怠らないと聞く。

接客の目的は、商品を売る以上に、お客様との心の距離を縮める間柄になることにある。心の距離を縮められれば、何度もリピートしてもらえるからだ。お客様が興味あることを店員が勉強して知っておかなければ、そんな会話などできるはずもない。お客様が興味を示すであろう話題や情報を持つこと。これこそが、お客様の心をつかむ最高の接客術だ。

鬼100則 78

思いやり思考に勝る好印象なし！

「記憶に残り、また会いたいと思われる店員になる秘訣って何ですか？」

質疑応答でよく聞かれる質問だ。私は、いつもこう答えることにしている。

「特殊能力はいりませんよ（笑）。『思いやり思考』に尽きます」

店という場所を売り場ではなく、我が家と考えたらどうだろう？

「お客様がやって来るから散らかっていちゃダメだ。掃除をしよう。身だしなみもちゃんとしておかねばならない……」なんて考えるに違いない。それが「おもてなし思考」だ。

難しいことを指しているわけではない。実に簡単なことだ。

相手の身になって考えてみると、自分思考とは違う視点が生まれてくる。例えば、日常の中でもこんな行為って普通にあるだろう。ハサミを渡すときに相手に持ち手のほうを差し出してあげるとか、エレベータで後続に人がいたときにドアを開けて待ってあげるとか。何気ない当たり前の行為だが、私はいつも「おもてなし」の基本はこういうことなんだと思う。**ちょっとした相手への気遣いを具現化してあげることが大切**だと。

店仕事にたとえるならば、次のようなさりげない「おもてなし感」じゃないだろうか。

◎レジでお客様が小銭を落とさないように、手を添えてお渡しする

◎フィッティングルームで、靴を履きやすく揃え直す

◎洋服の試着時に、着やすいように袖を差し出してあげる

◎レジのあと、ショッピングバッグをお客様が持ちやすいようにお渡しする

◎雨の日のショッピングバッグに、ビニール袋をおかけする

◎レジ付近に、レジ待ちのお客様や高齢者用にソファを設置する

◎試着室に、お客様が革靴だった場合を考えて、さりげなく靴ベラが添えてある

どうだろう？　どれも簡単で当たり前のことだ。

お客様へのおもてなし思考、思いやり思考、そういった視点で自分の接客を見直してみて欲しい。きっと新しいサービスとは、「おもてなし」を掘り下げていくことから生まれるのだ。

ベタでさりげないおもてなしや言動が、店や店員への好印象につながり、お客様の記憶に残るのだ。

鬼100則 79

今日はおすすめしなくてもいい

一期一会、聞いたことのある言葉だと思う。人と人の出会いの本質を見事に漢字4つで表した名言だ。意味をネットで検索するとこう書いてある。

「今日、相手に誠意をもって接すれば、次にまた会える道は開ける。だが、今日いい加減な対応や誠意なき言動をしたならば、その人とは二度と会うことはないであろう」

誠意を持ってして何度も来てもらえること。これは、接客や販売、また営業といったような人と人とのコミュニケーションを基本とした仕事について、本質を見事に表現している言葉だと思う。

さて、売れ続けるために、最も大切なことは何だろう。私が30歳のときに独立し開業したのが地元の富山だ。当然、都会とは比べものにならぬほど人口は少なく、都会と同じ売上を作るには、それこそ一人のお客様に何度も来店いただかなければならない。

そこで、リピートしてもらうために一番大切にしていたことがある。それは、**「損して**

得をとる」ということ。端的に書けば、**お客様のことを考えたときに「今日は買うべきではない」「この商品は買うべきではない」と判断したら、すすめない**ことだ。

毎回毎回おすすめするばかりが、店での仕事ではないと私は考える。もし、今日すすめないことが伏線となり、次回に買っていただけるとしたら、今日の行動は売らなかった行動と言えるだろうか？　私はすすめないことも含めて、売るという行動の一環であると思っている。

ただ、ひとつ大切なことがある。それは、ただすすめないのではなく、**「すすめない理由を説明する」**ということ。すなわち、「すすめない理由を今日は売る」ということだ。お客様に今日すすめない理由を語るから、次回の本当に買って欲しいときにすすめると活きてくるのだ。例えば、「今日よりは20日過ぎのほうがたくさん入荷しますから、そのとき必ず連絡しますね」といった具合だ。

一見、おすすめしないことは損ととらえられるかもしれないが、それが結果として信頼につながるので長期的に考えれば得となるのである。

お客様は、必ず何かをすすめてくる店員を鬱陶《うっとう》しく感じる。これでは、絶対に買うと覚悟したときにしか来店できない。

鬼100則 80

粘るからお客様は二度と来ない

私が呉服チェーンの店員として、実績を伸ばしはじめた頃、同期入社の同僚から「柴田、どうしてそんなに売れるようになったの？」と聞かれるようになった。

そのとき、即答でこう答えていたのを思い出す。「特別なことをしたわけじゃないんだよ。ホント。でも強いて言うならば、売りたいがために、粘らなくなったことかな」と。すると、同期がポカンとした表情をしていたのを思い出す（粘るとは、迷ったお客様にすすめることではなく、買わないと断言されたお客様におすすめを続けること）。

きっと、「それだけ？」と思ったに違いない。彼らは「どうおすすめするのか？」的なことを回答として期待していたんだと思う。なのに、あまり違った返答をされたから、困惑したはずだ。

よく売れる店員と聞くと、相当に粘った接客ができる人なんだろうと考える人が多い。

だが、私の経験上言わせてもらえば、そういう**粘って売るタイプの販売員というのは、**

たいていはそのあとが続かない。いわゆる、一回限りの販売に終わる場合がほとんど。それでは、顧客として何回も買っていただくことは難しい。

お客様に商品を販売するのなら、次回もまた来店していただける約束をとらないと意味がないのだ。「このお客様が買わないだろう」と思った瞬間に、「最後の1点ですから、なくなってしまうかもしれませんが、よろしいですか？」とか、「人気の品なので、すぐに売れてしまうかもしれませんから、お取り置きしておきましょうか？」と言う店員がたくさんいるが、これではお客様心理が逆に働いてしまう。

店は、お客様に足を運んでいただいてなんぼだ。たとえ目的商品があろうが、なかろうが、近くに来たから寄ってみたでもいい。お客様とのいい関係性を築きあげることが、接客や販売の目的といっても過言ではない。だから、何度も足を運んでいただくための最初の買い物でないといけないと思うのだ。とすれば、冒頭で書いた私の同僚に対する答えの意味も理解してもらえると思う。

接客や販売において大切なのは、断られて粘ることではなくて、断られたときにこそ、最高の笑顔を出せるかどうかである。それが結果として、売上につながったり、お客様がまたお店に足を運んでくれたりするのだ。

鬼100則 81

人は、終わりに必ず癖が出る！

先日、旧友のS社長（アパレル小売）と、電話をしていたときのこと。

S社長「あ！　そういえば、柴田さんの元会社のスタッフだったAさんって女性が、この前うちに入社したんですけど、すぐに辞めちゃったんですよ」

私「そりゃ、大変だったな。元社員だからさ、ごめんね」

S社長「この給与じゃ生活やっていけないだの、いろんな不平不満をたくさん言った挙げ句、うちの店長とももめて辞めましたわ」

私「ほんと！　そりゃ迷惑かけたね。実はね、うちの会社の辞め方とまったく一緒なんだよね」

人は最初（面接）は仮面（いい顔）をつけるけど、最後（退職）は素顔（本当の顔）で終わるものである。退職時に不満をぶちまけて辞めるスタッフもいれば、最終出勤日まで手を抜かないスタッフもいるが、最後がそのスタッフの本当の顔である。しかもそのスタッフがどの会社に勤めても、たいてい退職の仕方は似たような終わり方になる。それが、「終わり癖」。

お客様の買い方（決断）にも「終わり癖」があり、たいていいつも同じ買い方をする。

迷いに迷う人、即決する人、誰かに相談する人、一晩考える人、やっぱり買わない人、すぐに返品する人……。

よくお客様を見たらわかる。決めるときって同じ癖が出るもの。

ただし、どの癖がいい・悪いはない。どれもその人が精一杯悩んだあとに出る最後の癖なのだ。

店員はそれを知り、その中で**お客様を泳がせてあげたり、導いてあげたり、お客様の一番良き方法で買い上げにつなげていく**ことだけを考えればいい。

お客様の買い物の決断の仕方の癖まで知ったなら、間違いなくあなたはそのお客様を知り尽くしたことになるし、そういう癖を知ったことこそが顧客になったことでもある思う。

人の行動の最後は、いつも同じ「終わり癖」なのだ。

鬼100則 82

お客様との会話は必ず名前からはじめろ

接客の第一の目的は、お客様との心の距離を縮めることにある。そこには意図的に縮めていく会話術もあれば、無意識のうちに近くに感じてもらう手法みたいなものがある。ここでは後者の手法について話をする。先日、私は某企業の記念講演をさせていただいた。場所は、愛知県内の高級ホテルである。

講演当日、そのホテルに到着すると、講演会場の担当者であるホテルマンに名刺を渡してご挨拶をした。するとそのホテルマンは、私の名刺を確認した瞬間からスイッチが入ったかのように「柴田様」と言うようになったのだ。些細な会話でさえ、冒頭はすべて「柴田様」からはじまる。

「柴田様、ピンマイクとハンドマイクどちらをメインでご用意いたしましょうか?」

「柴田様、よろしいでしょうか?」

「柴田様、こちらですが」

「柴田様、ご確認いただけますか?」

「柴田様、そろそろ時間の10分前でございます」

最後の最後、チェックアウトしてタクシーでホテルを去るその瞬間まで、冒頭が「柴田様」でなかったことはなかった。その結果、私はいつの間にかそのホテルマンを「中丸さーん！（仮名）今回はありがとうございました！」となっていた。常に名前で呼ばれる間柄が成立し、私は言い知れぬ親近感を知らず知らずに作りあげていたのだ。これが彼らサービス業が最も得意とする「ネーミング・コミュニケーション」である。**どんなときでも必ず名前で呼び、コミュニケーションをとり、親しい間柄を感じさせていく**というやり方だ。

何のことはないが、必ず名前を冒頭に添えて会話をはじめることに徹することだ。接客の現場だと、お客様と名刺交換することは稀なので、できるだけ早くお名前をお聞きし、そのあとはずっと会話の冒頭に「お名前から」はじめる。

本当にそれだけで、距離感が縮まるの？　と思われる方も多いかもしれない。でも、実際にやってみて欲しい。やり抜いてみて欲しい。続けてみて欲しい。きっと3カ月後には、あなたを訪ねてくるお客様が何人も現れるはずだ。我社でも実証済みなのだ。

それだけ**名前で呼ばれると、記憶に残り、親近感を持つ**ものなのだ。

鬼100則 83

「お客様の名前が覚えられない」は甘えが原因

アプローチのときやお客様の再来店の際、「確か一度、お会いしたことがある」とか、「確か以前に買っていただいたことがある」、でも名前がどうしても思い出せないという経験はないだろうか?

たまたまだが、先日、某ショッピングセンターで講演したときに質問をもらった。「お客様の名前が覚えられないんですが……」と。

正直に書こう。実は、私もすごく苦手だった。昔は、開き直って「名前を呼ばなくても、接客を乗り切るには?」を考えていたくらいだった。でも、きっとその**「名前を覚えなくても何とかなる」が、覚えられない原因**ではないだろうか。名前を覚えなくても「お客様」という便利な呼び名があるから、名前を覚えることについてそんなに重要視していないというのが本音ではないかと思う。

また、皆さんは店にある商品のすべての値札の金額を覚えているだろうか? おそらく、覚えている方はごく一部だと思う。それも、覚えなくても見れば済んでしまう。だから、覚えている店員もいれば、いない店員もいる。絶対必要ではないからだ。

では、どうしたら覚えられるのか？　根性論は嫌いだが、人間は本当に「やらなきゃ」と思えば、何としてもやりきる生き物だ。

冒頭で私も苦手だったと過去形にしたのは、地元で独立・開業した際、「都会ならいざ知らず、田舎で名前を覚えていないなんて、致命傷になる」と真剣に思い、「売上より、まず名前！」と、撤退的に努力した（特徴と名前を列記したメモを書いたり、似顔絵を描いたりした）からだ。結果、ほぼ顔と名前を覚えられ、習慣化していくうちにメモなしでもできるようになった。

久々に来店されたお客様に、「あ！　沢田さん、お久しぶりです」と言えるようになったのだ。当然、お客様は「名前覚えていてくれたのね。ありがとう」とすごく喜んでくれた。以来、たくさんの顧客化に成功し、田舎の商店で1億円の売上を作るに至ったのだ。

苦手と言っているうちは、まだ余裕がある状態だと思う。

しかし、**名前を覚えれば顧客は圧倒的に増える**。これは事実だ。それを信じ、プライオリティ1位に押し上げよ。絶対に、あなたの店員としての株は上がる。

鬼100則 84

心の距離を縮める「出世魚接客」をせよ！

「最初は丁寧な接客をしても、次回来店されたときに同じ対応じゃだめだよ」

これは私が主宰する「トップ販売員育成セミナー」でアドバイスしていることである。お客様が次回来店されたときも、同じ言葉遣い・同じ雰囲気での対応だと、互いの心の距離は縮まらない。こちらから、**意図的に親近感を与える接し方をしていかなければ、2、3回程度の来店では心の距離は縮まらない**のだ。

顧客が多いトップ店員の接客は会うたびに対応を成長させ、変えていき、心の距離を会話で縮めているのだ。これを「出世魚接客」と言う（私が勝手に命名した）。出世魚は成長しながら、名前が変わる魚だ。

● **ファーストコンタクト（新規客）**

「いらっしゃいませー。お客様！　どうぞご覧くださいませ！　よろしかったら、広げてみてください」

●進化した2回目来店（お客様が山本様に変化）

「いらっしゃいませ！　あっ、山本様、お久しぶりです！　先日はありがとうございました。あのワンピースはどうでした？　気になっていたんです」

●より進化した3回目（山本様から山本さんに変化し、近況を話題にしている）

「あっ、どーもーご無沙汰しております。山本さん、ちょうど店長と『山本さん、最近来られないね』なんて話してたんですよ。今日は、お休みですか？」

●さらに進化した4回目（山本さんへの提案からはじめている）

「山本さーん！　ちょうど良かったです。山本さんにお似合いじゃないかなってシャツが入荷したんで、見ていってください！　すごく素敵なので」

このように、**会うたびに、距離感を縮めた対応に変えていく**。これが、顧客づくりの肝なのだ。よく、何度来店されても距離感を縮められずにいる店員がいる。毎回丁寧な接客だけでは絶対に売れないし、顧客はできない。

心の距離を縮めるのが、接客の大切な基本なのだ。

鬼100則 85

家族という枠に入りなさい

最近、「何回か来店されるお客様と、どう接していいのかわからない」という質問が増えた。

要するに、お客様と店員という関係において、新規客に接する敬語接客からもう一歩踏み込んだ顧客対応がわからないというものだ。一番遠い距離感のある接客をしているときは丁寧なだけでいいのだが、ある程度来店されて身近な存在になってくると、どう接すればいいのかわからなくなってしまうのだ。

より仲の良い関係を作るというと、友達のように接するマルキュー店員（SHIBUYA109のギャル店員）のような接客が浮かぶかもしれない。確かにこれは親近感を増す接し方ではあるが、相手によっては不快に思い、苦情になることもあるので注意が必要だ。

では、顧客がたくさんいる店員は、敬語接客を卒業してどんな対応の仕方をしているのだろうか？

答えから言うと、**ちゃんと礼儀と言葉と関係をわきまえた上で、自分の一番親しみのある関係を築く**のだ。

具体的に言えば、相手の家族に入るような接し方を目指している。

私はアパレル専門チェーンの社長時代、100名を超える若い女性スタッフが部下にいた。当然私は、自分の娘のように思ったし、娘同然に「娘枠」で接した。本当にダメなことをしたスタッフは、本気で怒った。また、元気のないスタッフがいたら、相談に乗ったりもした。「父親枠」で言わせてもらうから、大きなお世話も効果的だったと思うのだ。

別にこれは、お客様と店員の中だって構わない。あくまで、言葉遣いと、礼儀をわきまえた上で、**年下のお客様が来られたら、「姉枠」に入れるように、ちょっとお姉さんっぽくふるまってあげればいい。年上のお客様が来られたら「妹枠」に、グッと年上の年代のお客様ならば「娘枠」に入る**のだ。

顧客が多い店員ほど「なんか、私の娘みたいにかわいいのよね」とか、「いろいろ相談できて、私のお姉さんみたいなんです」と、家族枠にしっかりと入る関係性を作っているのだ。

お客様から見て、あなたがどの家族枠に入るのか？　それ考えることからはじめるのだ。

鬼100則 86

顧客に笑顔で、新規客に無表情？逆だよ！

コンビニで、2番目のレジ待ちをしていたときのことだ。レジは若いアルバイト。レジ客はバイトの知人らしく、満面の笑みと笑い声で接客している。友達のように「ありがとうございました！　運転気をつけて！　じゃあね！」なんて、送り出した。次の私の順番が来た瞬間いきなり真顔に戻り、無表情の低い声で、「次のお客様、よろしいですか。どうぞ」。

前の知り合いの人に対する笑顔に対して、これが同じ人かと疑うほどの変わりようにビックリした。「あれ？　何か、俺、悪いことしたかな？」と自分を顧《かえり》みたくらいだ。

その表情とテンションの違いは、絶対に感じがいいものではない。だが、意外と日常的によく見かける。ウマが合うお客様や知人客には笑顔や明るいテンションで接するが、はじめてのお客様には無表情で感じが悪い。タイトル通り、「逆だろ！」と言いたい。

大なり小なり、このような二面性のある対応をする店員が少なからずいる。正直、これは、素人店員と言われても仕方がないし、接客でお金をもらう資格はないと思う。そこを指摘する上司がいなければ、余計に本人は気づかないからやっかいだ。

じゃ、どうあるべきか?

よそ行きの顔（明るい笑顔接客）が、「新規客」。

自然体な対応（無理しない自然接客）が、「顧客」。

これが、「良き店員の接客二面性」だ。

誤解のないように読んでもらえば、私はむしろ顧客ならば、無理に笑顔でなくてもいいと思っている。自然体な接客でも、感じが悪くなければそれでいいと思う。だって、少なくともその店員の人柄をわかって何回も来店いただいているのだから、自然に話ができるほうが大切だ。その逆、新規客。距離の遠いお客様ほど、その人の最高の武器（笑顔、笑い声など）を、ガンガン使うべきだと思う。

顧客接客で大切なのは、気軽な接し方。新規接客で大切なのは、感じの良さ。

あえて、言おう。新規客には、最高の自分の接客を発揮して欲しい。間違っても冒頭のコンビニのような対応はダメだ。

鬼100則 87

お客様も、店員に喜んで欲しい

私は、スターバックスコーヒーの接客が大好きだ。好きな一番の理由は、レジのスタッフが、まるでそんなマニュアルがあるかのごとく、嬉しそうに喜んだ表情をしてくれること。何かいいことでもしたかのような気分にさせてくれるのだ。お金を払って、店員に喜ばれるとすごく幸福感が訪れる気がする。自然に出る嬉しい表情は、素晴らしいと思う。お客様がと思えば、逆もしかり。最近は、この逆の店員のほうが圧倒的に多いと思う。お客様が買われたあと、いかにも業務処理のように、レジをたんたんとやってしまう店員だ。中には、無表情・無関心な対応で、買い上げ後の処理をする店員もたくさんいる。お金をいただくということをなんだと思っているのかと、本当に聞きたくなるときさえある。これが、物販だったら余計にイラッとしてしまうのは、私だけではあるまい。

以前、朝のワイドショーであなたがこの仕事に就いた理由は何ですか？　という企画をしていた。その接客業編のときに、レポーターが渋谷の街に飛び出し、ハンバーガーショップや雑貨店、アパレル、レストランなどの店員にその理由を聞いていた。その結果、７割の店員が客仕事に就いた理由を「お客様に喜んでもらう仕事だから」と答えた。

この結果からわかるように、店員はお客様に喜んで買ってもらいたいから、接客にいそしみ、販売に従事する。お客様の喜んでくれる姿や笑顔が見たい。それが接客をする店員の理由だ。

実は、お客様だって一緒なのだ。店員に売ったら喜んで欲しいのだ。だって、考えてもみて欲しい。いまや、**その店で買わないといけない理由って希薄な時代**だ。ネットで買うという選択肢だってある。その中で、その店員から買ってあげたといってもいいような時代に、店で買っても無愛想で、無表情で、無関心な対応だったらどう思う?

売買の理想は「店員とお客様は、対等」。立場の違いはあれど、**互いに「ありがとう」と言い合い、互いに喜び合い、互いに成長し、互いに良き出会いに感謝したい。**

あなたがお客様に喜んで欲しいように、お客様も買ったら喜んで欲しい。だから、あなたも喜ぶべきだ。それだけでお客様の買い物が何倍も満足なものになるのだ。

鬼100則 88

「沈黙の苦情」が店を喰う

苦情はないに越したことはないが、大なり小なり必ず起きるものだ。その対処法がいかがなものかが、問題となるだけだ。私は苦情に対してネガティブな印象はない。だって、お客様が悪い点を教えてくれているわけだから。リサーチ会社に依頼してでも自店の至らぬ点を教えてもらいたいくらいなのに、それを教えていただいてるのだから、後ろ向きにとらえることがおかしいと思う。

私は学生時代、日本一デニムを売上げていたメンズショップでバイトをし、就職してからは、呉服チェーンで売上ナンバーワンの店舗に在籍させてもらった。

そんな私の経験から言えることは、

「売れている店ほど苦情が多い。が、売れている店ほど苦情処理がうまい」

ということだ。これは事実だと思っている。

良い店というのは、起こった苦情へのフォローが秀逸なのだ。苦情の返しで、逆にファンにしてしまうくらい誠意がある。いわゆる苦情という試されごとに対して、満点を取るツボをわきまえているとも言える。だから、**顕在化する苦情に対しては、私はしっかりと誠意ある対応ができれば、それほど問題視するべきでもない**と思う。

問題は沈黙の苦情である。苦情未満の不満、いわゆるお客様のくすぶる不満が表面化されないもの。例えば、なんか感じが悪い、なんか気持ち悪い、なんか暗い、なんか不潔、なんか不快……お客様にしたら、「なんか」じゃ苦情というテーブルに上げて、ことを荒げるのも、なんか面倒くさい。店を出て知人とＬＩＮＥでもしたら忘れてしまうくらいの不満レベルのものを指す。

「言うまでに至らない不満」を「沈黙の苦情」（サイレント・トラブル）と言うが、これが多い店や店員は危ない。やっかいなのは、苦情対象にならなければ、指導対象にもなっていないことだ。これが、気づかないうちに客離れの原因となり、致命傷を与える「店を喰う白アリ」なのだ。

来店が落ちたのは過剰な施設ラッシュのため？　いや「沈黙の苦情」のせいではないのか。「店の白アリ」に喰われてないか。店長・スタッフが、常に自浄する目を持って、お互いを監視しない限り、いつの間にか喰われるのだ。

第6章

Mental
～鬼のメンタル～

欠点は魅力のひとつになるのに
みんな隠すことばかり考える
欠点さえうまく使いこなせれば
なんだって可能になる。

ココ・シャネル

ある種の欠点は、個性の存在にとって必要である。

ヨハン・ヴォルフガング・フォン・ゲーテ

鬼100則 89

売れるのはみんな普通の人

先日、ニュースを見ていたら、何十人もの女性を騙した結婚詐欺師が逮捕された事件をやっていた。何十人もの女性を騙せるってどんなにイケメンな男性なんだろうかと否が応でもテレビに目が行った。

しかし、意外にも普通の顔立ちの軟弱そうな見た目に、かなり拍子抜けした。正直、なんでこんな普通の男性が何十人もの女性を騙せるのかとビックリした。

が、昔、詐欺師をテーマにした漫画にこういうセリフがあったことを思い出した。「詐欺に大切なのは、普通であること。警戒されたら終わり」。

なるほど！　見た目で女性を惹きつけるほどのイケメンだと、警戒されて逆に詐欺にならないんだ、とテレビの前で一人で推理して、妙に納得していた。

そこで、接客・販売の話題に戻りたい。

私は、これまで数え切れないほどの売れる店員と出会った。その経験をもってして、断言できることがある。それは、売れるトップ店員たちは、みんな普通の人だということ。

売れるトップ店員というと、たいていオーラに満ちたカリスマみたいな人を想像するかもしれないが、私の出会ったトップ店員たちにそういう人は一人もいなかった。むしろ、会ってビックリするくらいに「普通中の普通」な人たちなのだ。「ほんと、この人が1億円売るの？」と（もちろん、悪い意味ではなくて）、想像との違いにビックリしたこともある。

でも、考えてみたら納得がいく。詐欺師を引き合いに出すのも良くないが、**普通だから警戒心を相手に抱かせない**のだ。そこが大切だ。

接客や販売とは、何も芸能人がやってきて、お見立て会をするわけではない。あくまで、お客様が自由に相談でき、いろんな不安を店員と共に解消しながら、選んでいく行為のことを指すのだ。と考えると、オーラがあるカリスマ販売員である必要なんてまったくない。それこそ、普通であることこそが、1億円を売るために必要なこととも思えてくるのだ。

売れるために必要なのは、オーラでも、特別な何かでもない。むしろ、それが邪魔になるのが、人間関係の仕事だったりするのだ。あくまで、**「普通」であること、気軽に話しかけられることこそが、売れる販売員に必要な要素**なのだ。

鬼100則 90

完璧を求めたら、必ず減点になる

「私、性格的に販売は向いてない気がするので、辞めようかと思ってるんです」

社長時代の20年間で、何度聞いたかわからない言葉だ。しかも、こちらがまったくそんなことを感じていないスタッフに限って、自分で「向いていない」というレッテルを貼る。だから、こちらも、そうではないことを伝えるのにかなり苦労する。

そして、スタッフに向いていないと思う理由を聞くと、必ず「私は○○さんみたいに明るくないし、△△さんみたいに笑顔が出てこないし……」と、いろんなスタッフの良い点を引き合いに出しながら、自分にダメ出しを繰り返すのだ。

だから、最後に私はこう言うしかなくなる。「でもさ、そんな完璧なスタッフどこにいるの？　いないよ。そんな完璧な店員っているの？」と。

考えてみて欲しい。理想の店員像というものを。思考力があり、臨機応変な対応力があり、気配りができて、頭の回転が早く、落ち度がなくて、会話力があり、表情豊かで、性格が良く、ビジュアルもいい……。どこにいるのだ！　そんな人！

　完璧を目指すのをダメとは言わないが、完璧を追えば追うほど、結局、自分にダメ出しをする結果になる。だから、前述のスタッフしかり、**嫌になってこの仕事を辞めたいならいざ知らず、向いてる、向いてないという判断でやめようと思うなら、まずはベストを尽くしてみてからでも遅くはない。**そして、ベストを尽くさない自分を責めても構わないが、完璧じゃない自分を責めるべきではない。

　だいたい、人がすることに完璧なんてないんだから。仮にいたとしても、お客様が完璧な店員が好きで、求めているかといえば、そうとは限らない。ちょっと天然で少しポカも多い女性だけど、責任感があり、めちゃくちゃ売り、お客様から愛されているスタッフをたくさん見てきた。もっと言えば、**私の見てきた売れる店員、愛される店員に、前述のような完璧な人は一人もいなかった。**

　仕事をするのに大切なのは、完璧から減点することじゃなく、いいところを伸ばしていくことだ。所詮、完璧な人間なんていないから。完璧であろうと思えば、思うほど、完璧ではないことを隠そうとする。それが一番よくない。欠点は誰にでもある。だが、対処の仕方で印象が変わる。**欠点を嘆くのではなく、そこを魅力に変える努力をすればいい。**

鬼100則 91

販売員にディズニーキャストのような笑顔や華やかさはいらない

心理カウンセラーの資格を取得して、販売員の心のケアを含めたカウンセリングをはじめたのだが、数多くの方から相談のメールをいただいている。その中から、ちょうど私の伝えたかったことに関する相談があったので、本人承諾の上、抜粋掲載させてもらう。20代、アパレル歴3年の女性からだ。

「………（略）私はあまり社交的なほうではありませんが、洋服が好きだし、一度だけでもショップ店員をしてみたくて、はじめてみました。でも私は、模範になるような明るさや、魅力的な笑顔なんて持ち合わせてはいません。どちらかというと、大人しいほうだと思います。最近、明るくて社交的なスタッフが何人も入社してきて、なんか浮いた存在になっている気がしてなりません。接客業に向いている華やかさがない私は、このまま続けていく自信が持てません。………（略）」

率直に読んだ感想を言おう。明るく、魅力的な笑顔があり、華のある社交的な人が、接客・販売・営業に向いてるって誰が決めたのだろうか？　私は社交的で明るくて笑顔がいい店員よりも、控えめだけど話しやすい店員のほうが、たくさんの売上を作っている姿をたくさん見てきた。

なぜだかわるだろうか？　ディズニーランドのキャストのバイトをするならば、前者のような方のほうがいいだろう。ショーキャストという魅せるのが仕事だからだ。

が、我々は店員で、**一人のお客様の抱えた悩みや不安を聞いて、答えを出してあげるのが仕事**だ。大切なのは、「ディズニーランド的」な笑顔や明るさではなく、相手の気持ちがわかる誠実な気持ちだ。ディズニーキャストのような与える力ではなく、お客様から引き出す力だ。

接客業は「ディズニーランドのキャストが見本」といった思考が根づいてしまっている人や企業がある。あえて言おう。我々はディズニーランドで働いているわけではなく、お客様と会話する「お店」で働いてるのだ。お客様は店員にディズニーランドのキャスト的な演出対応を求めているだろうか？　いいや違う。華々しさはなくとも、**身近な存在で感じが良く、話しやすい店員を求めている**のだ。私たちが求められている笑顔とはディズニーの見せる笑顔より、心理カウンセラーの優しい微笑のほうが的を射ている。

鬼100則 92

接客・販売は「楽しく」なくてもいい

よく「接客を楽しもうよ！　接客を楽しめば、お客様にもそれが伝わるから」とか言うが、正直言って私は、「楽しむ」という表現には懐疑的だ。20代の頃は、楽しいなんて思ったことはなかった。楽しいと実感しはじめたのは30代の頃だ。だから最初から「接客を楽しむ」なんて感覚が、あまりよく理解できない。

それだけ私にとって数字を作ることは並大抵なことではなかったし、考えれば考えるほど出口が見えない迷路のようだった。だからか、たまに「接客なんて楽しんだらいいんだよ」なんて言う店長や講師に出会ったり、本を見たりすると少し抵抗がある。

私は、**何事も「楽しむ」というのはかなりの経験を積まないとできない**と思う。

ある程度つらさを知り、ある程度嬉しさを知り、ある程度怒られ、ある程度褒められ、ときには辞めたいと思い、ある程度求められる喜びを知り、ある程度人に尽くす喜びを知る。そんな先にようやく「楽しむ」という聖地が出てくる。そんな感じだ。

だから、新人に最初から「接客を楽しめ！」と言っても、楽しみたくても楽しめないと思う。頭では「楽しもう」と思っていても、実践できない。

特に接客・販売は、「数字を作ること」と「お客様に喜んでもらうこと」が両立できるまで、「楽しい」はわからない気がするのだ。それまではどうしても、シーソーみたいに相反するような気がして腹に落ちない。

要するに、**なかなか「売る」と「お客様満足」が、＝（イコール）でつながらないので、モチベーションが安定しない**のだ。

しかしそのうち、売ることはお客様を喜ばせることなんだと、ピタッとつながるときがくる。まるで探していたジグソーパズルのピースが、いきなりピタッとはまる感じだ。

そのときにようやく、「販売は楽しい」と実感する。そして、販売という仕事に誇りを持てるのだ。

接客が楽しくないという方へ。最初はそんなもんだ。でも必ず楽しくなる。私を信じて欲しい。間違いないから。

鬼100則 93

売れないなら、売らなくていい

「売れないときは、何やっても売れないんです」。私はアパレル専門チェーンの社長時代、150名いたスタッフから、ローテーションでもあるのかのように、同じような相談を毎週受けた。そのとき、私は即座にこう答えることにしていた。「売れないなら、売らなくていいよ」と。たいていは、「はぁ?」という顔をされる。もちろん、それを楽しんでいるわけではなく、冗談半分に言っているわけでもない。至って真面目に答えていたのだ。

販売をしていたら幾度もやってくるのが、スランプの波だ。なぜ、スランプになるのか?

私はこう思う。

販売・接客という仕事は、相手の反応がすべてだといっても過言ではない。だから、どれだけいい接客や販売をしたとしても、相手の反応が悪ければ、もっと言えば売上が上がらなければ、迷いが生じる。何回か連続で反応の悪いお客様にたまたま出会ったら、即座に「私の接客はダメなのかしら?」と考えてしまう。要するに、**売れているときの接客と**

比べて何ら変わりないのに、お客様の反応を基準に考えるから悪いと考えてしまうのだ。

接客が悪いと思いはじめると、自分の接客スタイルが完全に崩れて迷走しはじめる。どんどん売れないイメージが膨らみ、売れていたときにできていたこともできなくなり、売れない店員化していくのだ。

私は、接客販売をゴルフにたとえることが多いが、すごく似ていると思う。飛ばそうと思えば思うほど力んで、真っ直ぐ飛ばなくなる。接客・販売も一緒だ。**売れなくなると、余計に売ろう、売ろうと思いはじめる。それが「売る気満々な店員」を作りあげ、より売れなくなっていく。**「売れないのは、売りたいから」という、矛盾が生じはじめるのだ。

当然、お客様ファーストな接客・販売などできるはずがない。それを敏感に感じたお客様の反応は冷たくなり、接客の悪循環に入る。売らないというのは販売を放棄するという意味ではなくて、「お客様ファーストに戻せ！」という意味だ。**売ろうと思わずに、お客様のニーズにお応えする。この一点に集中する**ことだ。きっと、そう考えて接客・販売をするうちに、また、戻ってくるのだ。売上という副産物が！

売れないなら、売るのをやめるのだ。そうしたら、本当に自分がやるべきことが見えてくるのだと思う。

鬼100則 94

心が疲れたら、お客様ファーストは無理

最近、商業施設で講演をさせていただくと、主催者から「すみません。スタッフ不足で店を抜けられないらしく、欠席者がちらほらいるんです」と言われることが増えた。もちろんそれは仕方ないのだが、今の人手不足をダイレクトに感じる出来事でもある。スタッフ不足により店を離れることができない。これはかなりの末期状況ではあるが、このような店が今、ごまんとある。当然、店員は疲弊していく。

また、最近はＬＩＮＥなどのコミュニケーションアプリの日常化により、休日でもそれこそ出勤しているかのように連絡が入るようになった。以前よりもっと休めない、休まらない、そんな環境ができあがっているのだ。

これでは「元気に笑顔でお客様のために頑張りましょう！」と言っても、疲れがたまってそれどころじゃない。

本書では一貫して、プロの店員としてお客様ファーストの思考と言動を身につけること

を指南しているのだが、その前提として一番大切なことを伝えたい。

「休みの日は、しっかり休みなさい！！！」

人は疲れてくると、配慮のゆき届く領域が狭くなり、他人を思う余裕がなくなっていく。

そして、つい自己中心的になっていくのだ。その最たる弊害は『私ばっかり』と愚痴っぽくなったり、『あの人はいいよね』とひがみっぽくなることだ。ザックリ言うと、『病んでくる』っていうヤツだ。

店員がお客様サービスをするためには、心が健康状態であることが大切である。

心の休め方に関しては十人十色で、何も休日をやたらと増やしたからといって休めるとは限らない。規定休日は取ることを大前提とした上で、いかにストレスを軽減できる質のいい休息を取っていくのか？　この余暇の時間の使い方も、店員をするにあたっての大切なスキルだ。

昔、休日でも店に行って仕事をしている私を見た先輩が言った言葉を記したい。

「柴田！　**休みの日に心を休めることも、店員にとっては大切な仕事だ。心がすさんでいたらお客様サービスなんて考えられるわけないだろ！**　休むことも仕事だ」

効率よく、自分が休まる時間づくりが今求められている。ちゃんと心を休ませるのだ。

鬼100則 95

「こうあるべき」ではなく、どうありたいか

はじめて接客に携わったのが、大学3年生のアルバイトのとき。あれから30年も店仕事一筋で生きてきた。そんな中で、人はときが経てば経験という引き出しが増え、常識が身につき、人生の意味がわかり、人格が磨かれていくと思いきや、そうとも限らないことに気づいた。どんどん、劣化していくこともあるのだ。

最近は、ずっと「もういい年なんだから、こうあるべきだ」と考えるようになっている。しかし、こうあるべきばかりを考えていたら、ちっとも楽しくないことにも気づいた。「こうあるべき」思考は、ある種の退化である。大切なのは「どうありたいか」を考え続けることだ。

「こうあるべき」接客の最たるものが「マニュアル接客」だ。最初はいい。何もわからないときに、書いてあることをそのままやればいいのだから。

だが、接客とは、一人一人違う個性と性格と目的を持った人を相手にする仕事である。

その仕事が**「こうあるべき」という同一思考のもとに行えば、それぞれのお客様の満足につながるわけがない。**どこかで、作業である「こうあるべき仕事」から、自分で考えた「どうありたいか」に変わっていかなければならないと思うのだ。

私はそんな意味で早い時点から、マニュアルで基本を学び、「こうあるべき」を捨て、できるだけ自問自答を繰り返す「どうありたいか」という考え方で接客を行ってきた。そして、それは間違いではなかったと思っている。

「どうありたいか」と考えることは、決してわがままではなく、決して自己中心的なことでもない。日本人はムラ社会文化だから、自分を中心に考えるよりは和を重んじて考えるように思考教育されている。だからときとして、決められたことから逸れることに抵抗を持ってしまう。

だが、ちょっと思考が堅くなっていたからこそ、今あえて言いたい。接客も人生も、他人の言葉や他人が作った「こうあるべき」よりも、まず自分で考え、自分の言葉でしゃべり、言動していくべきだ。「自分は、どうありたいか」が大切ではないか。

皆さんも見つめ直してみてはいかがだろうか。

鬼100則 96

売る力は、あなたの人生を変えていく

「接客とか販売員とかのショップ店員をやってみたかったんで働いたんですが、だいたいわかってきたんで、次は新しい仕事に就こうかと思ってるんです」。これは、私がアパレル専門チェーンの社長時代に何度も聞いた退職の言葉だ。

まだ新米の社長だった頃の私は、まるで販売という仕事が「商品とお金の交換手」みたいな、いわゆる「売り子」と言われた時代の軽んじた仕事のように思われたことがたまらなく嫌で、すごく引き止めていたことを思い出す。

今、若い頃のように自分の価値観を相手に押しつけるようなことはさすがにしないが、接客や販売という仕事の尊さをわかってもらえなかったくやしさは、変わらぬままだ。

私は、大学3年生のときに、新宿のメンズショップで販売のアルバイトをはじめた。そのときから、販売に対する気持ちに変わりはない。それは、**販売という行為そのものが、社会生活をしていく上で最も大切なスキルであり、そのスキルを日々身につけることがで**

きる仕事だという信念だ。

結婚だって自分を売り、相手が買ってくれたという言い方だってできるし、就職も面接も「自分」をプレゼンテーション、いわゆる販売しているのだ。

極端ではあるが、友達や知人が少ない人は「プライベートの自分」を買ってくれる友達という名の顧客が少ないという考えだってできるし、仕事がうまくいかない人は「公の自分」を買ってくれるお客様（会社の人、クライアント）が少ないとも言える。

社会で生きるとは、すなわち、「自分」という商品をプレゼンして、売っている総販売員なのだ。

だから、**販売員のみならず「売る技術」を身につけることは、自分の人生を変えることだ**と信じてやまない。あなたの人生は、「売る力」で満ち満ちたものになるだろうし、自分を買ってくれる顧客を作ることで有意義なものになると信じている。

販売を通して、あなたの人生を尊いものに変えていくのだ。

接客も、人生も、臨機応変さがすべて

私は接客・販売という仕事が、生活することと大変つながりの深い仕事だと思っている。生活の役に立つからと接客・販売をするわけではないが、接客・販売で鍛えた能力は必ず実生活に役に立つものだと信じてやまないのだ。

接客に求められる予期せぬお客様への臨機応変な対応。これは台本の読み合わせをするわけではないから、その場その場のアドリブ力が必要なわけで、いちいち頭で考えてから話すような理屈で思考する人には、ハードルが高いかもしれない。

でも、よくよく考えてみたら、日常の会話だっていつも臨機応変な応酬話法だ。ゆっくり考えてからしゃべる時間なんてない。一発勝負の言葉のやりとりが人と人の会話だ。その**臨機応変な対応への「能力開発」を日々求められるのが、接客・販売の仕事**だと思う。

新卒で就職した一流大卒のエリートが、コミュニケーション能力が問われる接客・販売・営業でストレスをためて、退職するケースが多いと聞いたことがある。詰め込み教育で、覚えることを得意として勉学能力を開発してきたエリートにとって、臨機応変な対応をとることに戸惑うのかもしれない。

だが、せっかくの機会を失うのは、もったいないと思う。

生きていくこと自体、計画通りにいかないことへの臨機応変な対応の連続じゃないのか。計画通りの一流企業に就職し、社内結婚し、マイホームを建て、２人の子宝に恵まれる。最後は部長まで駆け上がり、退職金をもらい定年退職。そんな夢人生、予定通りの人生を目指しても、どこからか歯車が狂う（もちろん、その通りの方もいる）。

何かが起きたとき、どうストーリーを修正するのか？　対応力がなけりゃ、お手あげだ。生きること自体が予想外なことへの臨機応変な肯定対応で、強く生きるとはその対応する力を指す（多少、飛躍的な考えになっていることはご容赦して欲しい）。

そんな意味で、店仕事は毎日が予期せぬライブで人生そのものと同じだと私は思う。

接客もライブ、人生もライブ。常に予期せぬことの連続が起こり、臨機応変な対応が必要。だから、この仕事を考えたとき、そうそう捨てたもんじゃないと思うのだ。

鬼100則 98

見方を変えて、接客を楽しもうぜ

コンサルタントに転身し、心理カウンセラーとしても活動している中で、悩む店員たちの本音を聞ける機会が多くなった。

例えば、こんな感じだ。「客仕事って、土日の休みはないし、気疲れするし、売上を作っても翌日も『売上！』って言われて……。ぼちぼち限界なんで、退職を考えているんです」

そんなとき私は「一回、客仕事の見方を変えてみたら」とアドバイスしている。

客仕事は見方やとらえ方次第で、良くも悪くもなる仕事だ。見方を変えると、感じ方が大きく変わってくるに違いない！

・仕事をしていると見るか、仕事をいただいてると見るか
・売上高と見るか、お客様満足高と見るか
・相手を変える仕事と見るか、自分が変わる仕事と見るか
・怒られたと見るか、育ててくれたと見るか

・商品が悪いと見るか、自分のプレゼン次第と見るか
・土日に休みなく嫌だと見るか、平日休みはしめたものと見るか
・人に気を使って疲れる仕事と見るか、人への気配りが学べる仕事と見るか
・人の目を気にする仕事と見るか、人の目線を理解する仕事と見るか
・売る仕事と見るか、買っていただく仕事と見るか
・無愛想なお客様と見るか、無愛想な原因は自分にあると見るか
・いつも自分ばかりが頼まれると見るか、人徳があるから頼まれると見るか
・買わない客を責めるのか、買っていただく技量がない自分を問うのか
・人に物を売る仕事と見るか、人に喜んでもらう仕事と見るか
・客仕事は自分をすり減らす仕事と見るか、客仕事は自分を磨いていく仕事と見るか

最後に、

・今日は昨日の次の日と見るか、今日は明日の前の日と見るか

昨日を見て過ごすのと、明日を見て過ごすのでは、雲泥の差だ。明日を見て、がんばるのだ！

きっと見方を変えれば、あなたの接客は大きく変わる。そして、接客を楽しめ！

鬼100則 99

店員は潰しがきかない？　いやいや、言ってやれ！

最初に断っておきたい。この項目は、残念ながら店員という仕事を去っていく人に向けて書いた。「接客」や「販売」という指南書においては、ありえない内容だと思うが、私はどうしても書きたい。なぜか？　もう一度、この仕事の良さを再認識して欲しいからだ。

接客業・販売業向けのビジネス書に書くには忍びがたいが、残念ながらさまざまな理由で、店員という仕事を去る人が多い。それは人それぞれ、仕方がないことだと思う。

私も、社長として、20年間たくさんの店員から他業種に転職していく方を送り出した。そこでよく聞くのが、他業種への転職時に「店員をしていてもスキルはない、と見られキャリアが次の業種に活かせない」という嘆きだ。

わかりやすく言えば、履歴書に「店員」の期間があっても、他の業種の面接に行くと極端な話、「あなたは、この期間、何もしていませんね」的な扱いを受ける、ということだ。

まるで、店員だった期間が、ただ立っていた、店番仕事をしていたような言われ方をする。そういうのを聞くと、店員軽視の世の風潮に私はイラッときてしまうのである。

面接のとき、そんな店員軽視の無知面接官と出会ったら、言ってやればいい。

「店員の期間は、とても勉強になりました。**人と心の距離を縮める対応の大切さとその方法が学べ、相手の立場に立ってのプレゼンテーションスキルが身につきました。なんといってもお客様が喜ぶ姿を見て、人のお役に立つことの喜びと大切さを学びました。**店員だった期間は、私の学びの期間でした」と。

私たち店員は、とりあえず店員をしているわけじゃないし、つなぎで店員をしているわけじゃない。ましてや、店に立つだけでお金をもらっているんじゃない。どんな業種にも役立つ、人間を学んでいるんだ!!　なめてもらっちゃ、困る（苦笑）。

ひとつ強く書きたい、私は、何があっても、店員の味方だ。このスタンスは、ずっと変わらない。そうでなければ、「鬼１００則」なんていう、鬼と入った書籍を書くわけがない。

正直、この本は店員にやりがいをもってもらうために、あえて鬼という指南書にしているのだ。愛がないと、書けないし、読んでもらえないはずだと思うのだ。

他の業種の面接に行っても、胸を張って、「店員をしていました」と言おうじゃないか。我々は、決して店番なんかじゃないのだから。

鬼100則 100

矛盾だらけの愛すべき接客業を楽しめ！

いよいよ、100則最後の項目となった。接客は難しいといったあなたの悩みや、接客は大変だといった気苦労めいたものは、本書にて軽減されただろうか？

最後に接客が難しく思える原因を書きたい。

接客は矛盾に満ちていて、それが整理できないから、難しく感じたり考えてしまうのだと思う。だが、実はそこがつらくも、この仕事の魅力なところだと思っている。本書を締めくくる最後の項目で、そんな矛盾に満ちてはいるが、愛すべき接客業の性質を棚卸してみた。

矛盾だらけの接客業　10の性質

①聞く耳を必要とされるが、聞きすぎると自分を失う

②相手に好かれないといけない仕事だが、好かれようと接すると好かれない

③気配りが必要な仕事だが、気を使いすぎると雑音まで拾う
④お客様にやりがいをもらう仕事だが、辞めたくなる理由もお客様からもらう
⑤デリケートな感受性が必要だが、我の強い面がないと続かない
⑥相手の立場に立つ仕事だが、振り回されたら仕事にならない
⑦すすめないと売れないけど、売るためにすすめると売れない
⑧熱意がないと売れないが、熱意がしつこさに変わると売れない
⑨売れなかった理由は考えるべきだが、そこから売れる理由は得られない
⑩買う、買わないはお客様が決めることだが、お客様が決める理由は店員が決めている

最後に、最大の矛盾を記したい。

「お客様から売上をいただくが、売上をお客様からいただこうと思うといただけない」

人と人とが向き合う仕事って、常に矛盾に満ちたことが多い。だが、その中で、学ぶべきことも多いのは事実だ。

だけど、この矛盾さえも楽しむ余裕を持ち合わせていれば、きっと人としての成長もついてくる気がする。この矛盾だらけの愛すべき接客業を楽しもう！

■著者略歴
柴田　昌孝（しばた　まさたか）
ネサンス・コミュニケーションズ・クラブ代表
店舗運営・接客コンサルタント
講演 セミナー講師
心理カウンセラー

富山県出身。大学卒業後、業界1位の呉服チェーン『やまと』入社。2,000名のトップセールスマンとして活躍後、30歳で独立。地元富山で、レディスショップを開店。得意な接客力を武器に、10年で42店舗、150名、年商30億円の企業に成長させる。

その接客ノウハウは、多くの業界誌に紹介され、セミナーの人気講師としても活躍。SHIBUYA109、ネッツトヨタ、NTTドコモ等の有名企業から、少人数の専門店まで、規模、業態を超え「人で売る」というテーマで300以上の講演セミナーを行う。
服飾専門学校の金沢文化服装学院でも、講師として長年、学生に販売指導する。

2017年、大病を患い、全活動の休止を決意。1年間の病気療養後、『ネサンス・コミュニケーションズ・クラブ』を設立、代表となる。

現在は東京事務所も開設し、全国規模の講演やコンサルティング活動を展開する。『月刊ファッション販売』（商業界）に人気連載をもち、執筆も精力的にこなす。近年、心理カウンセラーの資格を取得し販売員の心のケアにも着手。販売員向けブログは、アメブロの「販売」「接客」の人気アクセス1位を独占。販売員のバイブル的大人気ブログとなっている。

主な著書に、ベストセラー『「ありがとう」といわれる販売員がしている6つの習慣』（同文舘出版）など、共著作も含めて多数あり。

本書の内容に関するお問い合わせ
明日香出版社　編集部
☎(03) 5395-7651

接客《せっきゃく》の鬼《おに》 100則《そく》

2019年　9月　20日　初 版 発 行

著　者　柴《しば》田《た》昌《まさ》孝《たか》
発行者　石　野　栄　一

明日香出版社
〒112-0005 東京都文京区水道 2-11-5
電話 (03) 5395-7650（代 表）
(03) 5395-7654（FAX）
郵便振替 00150-6-183481
http://www.asuka-g.co.jp

■スタッフ■　編集　小林勝／久松圭祐／古川創一／藤田知子／田中裕也
営業　渡辺久夫／浜田充弘／奥本達哉／横尾一樹／関山美保子／藤本さやか／南あずさ　財務　早川朋子

印刷　株式会社文昇堂
製本　根本製本株式会社
ISBN 978-4-7569-2047-8 C0036

編集担当　久松圭祐

ISBN978-4-7569-1883-3

〈完全版〉トップ販売員が使っている
売れる販売心理術

有村 友見：著

B6 並製　232 ページ　本体 1500 円＋税

明日からあなたも売れるトップ販売員に！

元トップ販売員が教える売るための心理術を 50 項目で教えます。売上を上げるための「リピーターづくり」、「第一印象」、「トーク力」、「外見力」、「店舗づくり」、「マインド」など。50 項目全てに○×のまとめと、イラストが入っているので、わかりやすい。

ISBN978-4-7569-1590-0